REQUÊTE AU ROI

ET

MÉMOIRE

SUR LA NÉCESSITÉ DE RÉTABLIR

LES

CORPS DE MARCHANDS

ET LES

COMMUNAUTÉS DES ARTS ET MÉTIERS;

PRÉSENTÉS A SA MAJESTÉ

LE 16 SEPTEMBRE 1817,

PAR LES MARCHANDS ET ARTISANS DE LA VILLE DE PARIS,

ASSISTÉS DE M. LEVACHER-DUPLESSIS,

LEUR CONSEIL,

AVOCAT EN LA COUR ROYALE, COMMISSAIRE DU ROI AUPRÈS DE LA COMPA-
GNIE D'ASSURANCE MUTUELLE CONTRE L'INCENDIE, ET CHEVALIER DE
L'ORDRE ROYAL DE LA LÉGION-D'HONNEUR.

Se trouve à Paris, chez l'Auteur, rue Geoffroy-Lasnier, n.° 26;
Et chez J. SMITH, Imprimeur-Libraire, rue Montmorency, n.° 16, au Marais.

1817.

IMPRIMERIE DE J. SMITH.

REQUÊTE AU ROI.

LES

MARCHANDS ET MAÎTRES ARTISANS

DE LA VILLE DE PARIS.

SIRE,

Depuis l'heureux retour de Votre Majesté dans son royaume, voici la première fois que les marchands et artisans de votre bonne ville de Paris ont l'honneur d'être admis en votre présence. Permettez, Sire, que nous commencions par exprimer notre vive reconnaissance et le sentiment profond d'amour et de respect dont nous sommes pénétrés pour votre personne sacrée.

Sire, le commerce de la ville de Paris s'est toujours fait gloire de son dévouement pour ses Rois; il reconnaît avec

I

orgueil que c'est à eux seuls qu'il a dû, pendant plusieurs siècles, sa prospérité et sa splendeur ; et c'est encore, en ce moment, dans les vertus et la bonté de son Roi qu'il met toutes ses espérances.

SIRE, nous avions reçu de vos augustes prédécesseurs des institutions sages à l'ombre desquelles ont fleuri long-temps le commerce et l'industrie de votre capitale. Séparés, suivant nos diverses professions, en corporations et en communautés différentes, nous exercions sur nous-mêmes une surveillance utile ; nous maintenions parmi nous la bonne foi, la décence des mœurs, l'amour de nos Souverains et le respect pour notre sainte religion ; nous jouissions ainsi d'un état fixe et paisible dans lequel nous pouvions élever honorablement nos familles, et laisser à nos enfans, après plusieurs années de travail, une fortune modeste dont nous n'avions pas à rougir. En remplissant ainsi nos devoirs dans l'état où le Ciel nous avait placés, nous avions acquitté notre dette envers notre Roi et notre patrie.

Ces institutions, SIRE, ouvrage de la sagesse de saint Louis, avaient été maintenues et perfectionnées par nos plus grands Rois, Henri IV et Louis XIV. Les ministres les plus renommés, le chancelier de l'Hôpital, Sully, Colbert, avaient toujours regardé leur existence comme inséparable de la sûreté du commerce, de la perfection dans les arts, ainsi que du bon ordre et de la tranquillité de la société.

L'esprit novateur du dernier siècle s'était surtout déchaîné contre les corporations, parce qu'elles étaient un moyen puissant d'ordre et de moralité publique. Elles ont succombé sous ses efforts et péri avec la monarchie.

Depuis cette époque, SIRE, les professions industrielles et commerciales ont été livrées à la plus honteuse licence; on ne connaît plus ni règle, ni frein, ni police; l'insubordination dans les ateliers, la mauvaise foi la plus insigne dans le commerce en détail ont pris la place de l'ordre et de la probité. Dans la capitale, SIRE, le mal est arrivé à son comble; les moyens les plus scandaleux sont employés tous les jours pour tromper le public et abuser de son inexpérience. Enhardis par la liberté de confondre ou de cumuler les professions souvent les plus opposées, des hommes, la honte du commerce, se livrent impunément aux manœuvres les plus humiliantes; la délicatesse et la prudence sont bannies des affaires, les banqueroutes succèdent aux banqueroutes, et la confiance est perdue sans retour.

Les honnêtes marchands, témoins de ces désordres, qu'ils ne peuvent arrêter, gémissent et se ruinent; le commerce seul d'improbité prospère.

Dans les arts et métiers, d'autres désordres se manifestent, l'autorité domestique des maîtres est détruite, et l'indiscipline des simples ouvriers ne connaît plus de frein. L'apprentissage, si nécessaire à la propagation et au perfectionnement des arts mécaniques, est presque abandonné, parce que les réglemens qui en déterminaient les conditions et la durée ne sont plus exécutés. Sans habileté dans son art, sans capitaux pour faire les premières avances, le compagnon se hâte de s'établir maître. L'ignorance s'introduit ainsi tous les jours dans les ateliers, la main d'œuvre s'altère, et le commerce est inondé d'ouvrages mal fabriqués, qui déshonorent l'industrie française.

Tel est, Sire, le triste, mais fidèle tableau du commerce et de l'industrie dans votre capitale. Les bornes que nous nous sommes imposées dans notre humble requête, ne nous permettent pas d'entrer dans de plus grands détails, mais les faits et les preuves sont développés dans le Mémoire que nous supplions Votre Majesté de permettre que nous mettions sous ses yeux.

Sire, lorsqu'à des époques plus reculées, les désordres dont nous nous plaignons aujourd'hui se manifestaient dans le commerce et l'industrie, soit parce que les anciens réglemens n'étaient plus en vigueur, soit parce que la police des corps avait été abandonnée, les Rois, vos prédécesseurs, ne connurent pas de plus sûr remède que de rappeler les corporations aux principes et au but de leur institution primitive.

Sire, c'est ce même remède que nous invoquons aujourd'hui, en suppliant humblement Votre Majesté de rétablir, dans la ville de Paris, les corps de marchands et les communautés d'artisans.

Lorsqu'il ne sera plus permis ni de cumuler ni de confondre les professions ou les commerces les plus opposés ; lorsque ceux que les mêmes occupations et les mêmes intérêts rapprochent, seront réunis, qu'ils pourront se choisir des chefs qui, sous l'autorité des magistrats, exerceront une police sévère sur les membres de leurs corporations, nous osons, Sire, l'assurer à Votre Majesté, bientôt les abus disparaîtront, on verra renaître parmi nous la probité et les bonnes mœurs, et le commerce et l'industrie retrouver la confiance et la considération qu'ils ont perdues.

Sire, nous ne sollicitons pas ici des priviléges qui donneraient des chaînes au commerce et à l'industrie. Qui sait mieux que nous que la liberté est l'ame du commerce, et que l'industrie ne doit pas connaître d'entraves ? Mais nous demandons, Sire, qu'on réprime la licence, qui a tué la liberté, cette liberté qui ne peut produire d'heureux effets que lorsqu'elle est tempérée et réglée par la loi.

Telles sont, Sire, les humbles supplications que les fidèles sujets de Votre Majesté exerçant, dans votre bonne ville de Paris, les professions commerciales et industrielles, viennent déposer au pied de son trône. Ils savent, Sire, que rien de ce qui peut contribuer au bonheur public n'échappe aux regards paternels de

Votre Majesté, et leur confiance dans votre sagesse et votre bonté est sans bornes, comme leur profond respect et leur amour.

Trente-quatre professions commerciales et industrielles ont concouru à la signature de cette requête.

MÉMOIRE

SUR LA NÉCESSITÉ DE RÉTABLIR

LES

CORPS DE MARCHANDS

ET LES

COMMUNAUTÉS DES ARTS ET MÉTIERS.

Des plaintes multipliées s'élèvent depuis long-temps contre la confusion et le désordre qu'un faux système de liberté illimitée et d'indépendance absolue a répandus dans le commerce et l'industrie. Des esprits sages ont pensé qu'on ne pouvait y remédier qu'en revenant aux institutions anciennes. Déjà dans plusieurs villes, et dans Paris même, quelques professions industrielles et commerciales ont demandé le rétablissement des corporations.

Ce vœu n'a été contrarié jusqu'à ce jour que par quelques partisans de ces doctrines erronées sur le gouvernement et l'administration dont la France a subi, depuis trente ans, la triste expérience; mais les faits ont jugé ces doctrines.

En vain voudrait-on les défendre encore. On aperçoit une tendance générale au retour à des opinions plus saines et plus raisonnables. Les esprits fatigués par les essais malheureux de tant d'innovations, ne veulent plus errer dans le vague indéfini des systèmes. On jette ses regards en arrière, on commence à s'apercevoir que nos pères ont eu quelquefois raison et qu'il est temps de rentrer enfin dans la route de l'expérience.

Au milieu de ces dispositions favorables, le commerce de la ville de Paris peut espérer d'être écouté, en rappelant d'anciennes institutions qui ont fait pendant plusieurs siècles sa prospérité et sa gloire, et en invoquant en sa faveur la législation émanée de la sagesse de nos plus grands Rois et de nos administrateurs les plus éclairés.

Tel est l'objet de ce Mémoire; nous le diviserons en cinq parties :

La première contiendra l'histoire des corporations et des divers changemens qu'elles éprouvèrent pendant la durée de notre ancienne monarchie.

La seconde fera connaître les tristes influences de leur destruction sur le commerce et l'industrie.

La troisième renfermera les réponses aux objections élevées contre les corporations.

La quatrième les envisagera dans leurs rapports avec l'impôt.

La cinquième enfin exposera les considérations politiques et morales qui combattent en faveur de leur rétablissement.

CHAPITRE Ier.

De l'Origine des Corporations.

L'usage de distribuer par profession ceux qui se livrent au commerce et aux arts et métiers remonte à la plus haute antiquité. Les Romains l'adoptèrent dès les premiers temps de la fondation de Rome. Les artisans étaient classés par arts et métiers, et les marchands en deux corporations ; l'une connue sous le nom de *Mercuriales*, et l'autre de *Capitolins* (1).

Cette organisation, qui subsista pendant la durée de la république, s'étendit, sous l'empire, à toutes les villes soumises à la domination romaine. L'empereur Alexandre-Sévère forma des divers arts et métiers, des corps ou colléges particuliers. Il leur donna le droit de se choisir des chefs pris dans le nombre de ceux qui les composaient. Ces *colléges* d'artisans et ces corps de marchands s'assemblaient pour régler leur police particulière. Ils pouvaient même imposer sur leurs membres quelques taxes légères, afin de fournir aux frais que chaque communauté est obligée de faire.

Telle est, sans aucun doute, l'origine des corporations modernes. L'histoire nous apprend que, lorsque les Francs s'établirent dans les Gaules, ils ne changèrent rien, ni aux lois ni aux institutions qu'ils y trouvèrent établies ; aussi, sous la première race de nos Rois, nous voyons les marchands et les artisans distribués par profession.

Sous la seconde race, les grands officiers de la couronne, tels que le connétable, le grand-chambellan, le grand-panetier, le grand-échanson, s'attribuèrent le droit de disposer des maîtrises des arts et métiers, et une sorte de juridiction sur les marchands et artisans qui avaient rapport à leurs offices. Ils avaient sous leurs ordres un officier public qui prenait le titre de *roi des merciers*, et dont les fonctions consistaient à visiter les marchandises, les poids et les aunages. C'était lui qui délivrait aux artisans leur brevet d'apprentissage, et aux

____

(1) Parmi les établissemens de Numa, celui qu'on estime le plus c'est la distribution du peuple par arts et métiers. PLUTARQUE, *Vie de Numa*.

marchands leurs lettres de maîtrise. Cet office de roi des merciers, éteint et recréé à différentes époques, fut définitivement supprimé sous le règne de Henri IV.

Au milieu des désordres qui signalèrent le commencement de la troisième race, lorsque l'anarchie féodale prit la place de l'autorité légitime des Rois, on perd la trace des corporations, mais elles reparaissent sous le règne de Philippe-Auguste. Dans la ville de Paris, les orfèvres, les drapiers, les merciers, les pelletiers et les épiciers étaient alors formés en corporations, mais il ne paraît pas qu'elles fussent disciplinées par des réglemens propres à chacune d'elles. La corruption du tribunal dont elles devaient recevoir des règles était probablement la cause de ce défaut de police.

A cette époque, les prévôts de Paris réunissaient aux fonctions de la magistrature la recette des deniers publics. Les malheurs des temps avaient forcé de mettre en ferme le produit de la justice et la recette des droits royaux; sous l'avide administration des prévôts, tout était, pour ainsi dire, au pillage dans la ville de Paris, et la confusion régnait dans toutes les classes de citoyens.

Afin de remédier à ces désordres, saint Louis plaça à la tête de la prévôté de Paris Étienne Boileau, personnage qui réunissait à de grandes lumières une sévère probité ; il rangea tous les marchands et artisans en différens corps et communautés, sous le titre de *confréries*, selon le commerce et le genre d'industrie qui les distinguaient entre eux. Ce fut lui qui dressa les premiers statuts concernant leur discipline; il fit plusieurs réglemens pour rétablir la bonne foi dans le commerce et la perfection dans les arts, et telle fut, dès l'origine, la sagesse de ses statuts, qu'ils ont servi de modèles à ceux qui ont été faits par la suite.

Jusque vers le milieu du seizième siècle, le régime intérieur et l'administration des corporations n'éprouvèrent que très-peu de changemens ; mais, pendant le cours malheureux des guerres civiles qui s'allumèrent alors, le désordre et la confusion s'introduisirent de nouveau dans le commerce et l'industrie ; les anciens réglemens furent oubliés, et la fraude et la mauvaise foi s'introduisirent dans les manufactures. Affranchies de toute surveillance, elles se dégradèrent insensiblement au grand détriment des consommateurs, et de nos relations commerciales avec les étrangers.

Il fallut donc rentrer dans la route tracée par l'expérience. Tel fut le but de l'édit donné par Henri III au mois de décembre 1581, renouvelé et confirmé par Henri IV en 1597.

Cet édit mémorable, appelé par excellence l'édit des métiers, rappela et rétablit les anciens statuts, réprima les abus qui s'étaient introduits avec le temps dans les corporations, et devint la base fondamentale de la législation à cet égard ; il n'y fut presque rien innové jusqu'en l'année 1776.

A cette époque fermentaient dans toutes les têtes les idées nouvelles ; les anciennes institutions étaient représentées comme le produit de l'ignorance, et les vieilles maximes de la monarchie, comme des préjugés absurdes ; les mots d'*égalité*, de *liberté indéfinie du commerce*, retentissaient de toutes parts ; une philosophie orgueilleuse, dédaignant l'expérience des siècles, n'en appelait qu'à sa raison, comme autrefois les conquérans barbares à leur épée.

Louis XVI commençait son règne; jeune alors, ne respirant que l'amour de son peuple, son ame si belle et si sensible avait été séduite par ces théories brillantes, qui, développées sous la plume d'écrivains éloquens, ne promettaient que la richesse et le bonheur.

A la tête du ministère des finances était un homme aussi distingué par des lumières très-étendues et de grands talens en administration, que par la probité de son caractère et ses vertus personnelles. Cet homme était M. Turgot.

Son imagination ardente avait saisi avec avidité toutes les doctrines nouvelles sur le gouvernement et l'administration. Né avec un caractère inflexible et absolu (1), ses opinions qui en avaient pris la teinte, étaient dégénérées en esprit sectaire; les principes d'administration qu'il professait, les plans, les projets de réforme qu'il méditait, et qui sont consignés dans ses écrits, tendaient, sans qu'il le soupçonnât sans doute, au renversement de la monarchie et à l'établissement d'un système républicain, et l'on peut dire qu'il a eu le triste honneur d'être le précurseur de la révolution française. Mais si M. Turgot fut précipité dans de si funestes erreurs, la justice demande qu'on ne les attribue qu'à son esprit et non pas à son cœur.

(1) Turgot, mon cher Malesherbes, ne convient plus à la place qu'il occupe; il est trop entier, même dans le bien qu'il croit faire. Le despotisme n'est bon à rien, dût-il forcer un grand peuple à être heureux. (*Lettre de Louis XVI à M. de Malesherbes, du 7 mai 1776.*)

Les idées de M. Turgot sont extrêmement dangereuses. Son système est un beau rêve qui part d'un homme qui a de bonnes intentions, mais qui bouleverserait l'État. (*Observations marginales de Louis XVI, du 15 février 1788, sur un Mémoire de M. Turgot relatif à l'administration.*)

Ce fut ce ministre qui, au mois de février 1776, fit rendre l'édit qui supprima les corporations des marchands et les communautés des arts et métiers.

Le préambule de cet édit est très-remarquable. Quand on examine ceux qui sont à la tête des édits et déclarations de nos rois, on aperçoit la marche sage et prudente d'un gouvernement qui rattache toujours le présent au passé, s'appuie sur l'expérience des siècles, se contente de rappeler les lois, les réglemens et les coutumes à leur pureté primitive, et de corriger les abus que le temps, la cupidité et les passions des hommes introduisent dans les meilleures institutions.

Le préambule de l'édit de 1776 présente un tout autre caractère; on y remarque le ton tranchant et dogmatique des sophistes modernes, le mépris le plus absolu pour tout ce qui n'est pas dans le sens des nouvelles doctrines. Les édits, les statuts, les réglemens, ouvrages de nos plus grands Rois et de nos plus habiles administrateurs, l'assentiment qui leur a été donné pendant tant de siècles, sont traités *de dispositions bizarres, de préjugés absurdes, de mesures tyranniques contraires à l'humanité et aux bonnes mœurs, auxquels il n'a manqué, pour être l'objet de l'indignation publique, que d'être connus.* C'est ainsi que dans le préambule d'un édit royal sont traités les actes d'une longue suite de Rois, et que l'on préludait, sans le savoir, au procès de la monarchie.

Le parlement de Paris s'éleva avec force contre ces innovations dangereuses qui en faisaient craindre beaucoup d'autres. Nous avons ses énergiques remontrances et l'éloquent discours prononcé dans cette circonstance par M. l'avocat-général Séguier; malgré les justes réclamations des magistrats, l'édit fut enregistré dans un lit de justice.

Mais bientôt la voix de l'opinion publique vint s'unir à celle des cours souveraines. M. Turgot quitta le ministère; et, trois mois après leur suppression, les jurandes et maîtrises furent rétablies.

L'édit du mois d'août 1776 recréa les corporations sur un meilleur plan. On ne doit pas le dissimuler, il s'était introduit de grands vices dans leur régime et leur administration. Leur nombre était trop considérable, et leurs subdivisions trop multipliées, lorsqu'au contraire la réunion des professions analogues était commandée par la nature des choses, tels que les commerces qui ont entre eux des rapports indispensables, et ces arts et métiers, dont l'analogie est évidente, et dont les ouvrages ne sont parfaits que lorsqu'ils ont passé par plusieurs mains.

Il résultait de cette trop grande division, dans le système des corporations, des conflits d'intérêts et des contestations fréquentes qui les entraînaient dans des procès souvent ruineux pour elles.

La fiscalité avait aussi abusé des corporations. Elle voulut mettre à profit des institutions établies dans un but plus louable. De là cette multitude d'offices créés à diverses époques et aussi onéreux au commerce que peu profitables à l'État. La plupart de ces offices avaient été achetés par les communautés qui furent autorisées à emprunter pour en payer la finance.

Il est juste d'ajouter encore que l'administration des corps était dispendieuse, qu'elle entraînait dans des frais considérables et obligeait à des formalités inutiles.

Les apprentissages étaient soumis à des formes trop lentes et trop sévères, et à des conditions pécuniaires qui excédaient les facultés de l'ouvrier indigent.

Mais c'étaient là les abus de l'institution et non pas l'institution même; il fallait les corriger et non pas les détruire. C'est ce que fit avec sagesse l'édit de rétablissement du mois d'août 1776.

A dater de cette époque, on peut affirmer que les corporations, mieux organisées et mieux réglées dans leur administration, virent disparaître presque tous les abus dont on s'était plaint avec raison, et rendirent au commerce et à l'industrie les plus grands services. Elles existèrent ainsi jusqu'en 1791, qu'elles entendirent sonner leur dernière heure avec celle de la monarchie.

Telle est, en abrégé, l'histoire des corporations : cherchons maintenant, dans l'esprit même de leur législation, pourquoi elles furent instituées.

En examinant les édits, les déclarations et les réglemens qui ont été rendus sur le fait des corporations, on aperçoit que le législateur s'est proposé plusieurs buts différens :

1°. De faciliter, par une sage classification des hommes, l'action de la police générale sur tous les membres qui composent la société, en réunissant sous la même bannière ceux que les mêmes occupations et les mêmes intérêts rassemblent, en les obligeant à exercer sur eux une surveillance mutuelle, subordonnant à cet effet les jeunes gens aux anciens, les apprentis aux maîtres, les maîtres aux magistrats, et en formant ainsi cette chaîne de rapports, d'obligations et de devoirs dont se compose la société, et dont le maintien garantit et assure la subordination générale;

3

2°. De mettre un frein à la cupidité, de conserver la bonne foi dans les transactions commerciales, de préserver le consommateur contre la fraude ; d'assurer, par de sages réglemens, la perfection dans les arts et métiers, en opposant des barrières à l'ignorance qui voudrait s'y introduire et en surveillant avec soin la fabrication des ouvrages, afin que la négligence, en se glissant dans nos manufactures, ne dégoûte pas les étrangers des objets de notre industrie et ne porte pas ainsi un coup funeste au commerce national ;

3°. De ne pas abandonner à lui-même l'homme naturellement paresseux et insouciant, mais au contraire d'exciter son inertie naturelle en la stimulant par des obstacles à vaincre, en l'encourageant par l'espoir des récompenses et des distinctions, en multipliant et tendant ainsi tous les ressorts de l'émulation.

Lisez les préambules de toutes les lois rendues sur cette matière, vous verrez s'y manifester toujours les mêmes intentions, vous y retrouverez ces idées profondes d'une politique éclairée qui ne s'attache pas seulement au matériel du commerce, des arts et de l'industrie, mais qui les envisage sous des rapports moraux et dans le grand intérêt de l'ordre public et de la tranquillité de la société.

Pour nous en convaincre, commençons par les propres expressions dont se sert Étienne Boileau lui-même, cet organe de la sagesse de saint Louis, et qui font la clôture du recueil de ses ordonnances, nous y retrouverons la franchise et la naïveté des temps anciens (1).

---

(1) Recueil des réglemens et des statuts rédigés par Étienne Boileau, pour les diverses professions de commerce et d'industrie ; manuscrit très-ancien, connu sous le nom de *Livre des Métiers*, et déposé à la bibliothèque royale.

« Cy avons nous fait pour le profit de tous, et mememcnt
» pour les povres et les etrangiers qui viennent à Paris achater
» aucune marchandise , que ly marchandises soient sy loyaux
» qu'il ne soit deçu par vice de ly , et mememcnt pour châtier
» ceux qui, par convoitise et vilaing gain , et par non sens,
» les demandent et prendent, contre Dieu, contre droit et
» contre reson, quant à ce fut fait conseil, donné et assemblé,
» nous le fimes lire devant grand planté des plus sages et plus
» anciens hommes de Paris et de ceux qui plus devaient sa-
» voir de ces choses, lesquels tous ensemble louèrent moult
» cet œuvre. »

Voici comment s'exprime le préambule de l'édit de Henri III,
du mois de décembre 1581 :

« Les Rois nos prédécesseurs et nous, avons ci-devant fait
» plusieurs statuts et réglemens sur le fait et police des arts et
» métiers...
» au préjudice desquels, comme il n'est chose si bonne et si
» saintement ordonnée ou coutume vertueuse, que l'avarice
» ne corrompe, la plupart des artisans de notre royaume,
» *nommément des villes , bourgs et lieux où il n'y a mai-*
» *trises instituées ni jurés* pour visiter les manufactures, se
» sont tellement émancipés, que la plupart d'icelles ne sont
» à moitié prix de la bonté et intégrité qu'elles doivent être,
» au grand dommage de nos sujets de tous états »........

Lisons maintenant le préambule de l'édit rendu par Henri IV,
au mois d'avril 1597:

« Les royaumes et empires n'étant maintenus sous la légi-
» time obéissance de leurs princes et souverains seigneurs que
» par le moyen des lois et ordonnances qui sont établies pour
» l'ordre, exercice et administration de toutes sortes de fonc-

3 *

» tions, trafics, négociations, arts et métiers, il a été jugé
» très-utile et très-nécessaire par les Rois nos prédécesseurs, après
» plusieurs autres belles institutions, que tous marchands
» vendant par poids et par mesures quelques sortes de mar-
« chandises que ce fussent, et ceux qui exercent quelques arts
» et métiers que ce soient, en boutiques ouvertes, magasins,
» chambres, ateliers ou autrement, fussent tenus ou astreints,
» auparavant de pouvoir entrer auxdits exercices, de prendre
» lettres de maîtrises...
» ....
» Lesquels édits, notamment celui du feu Roi dernier décédé,
» rendu au mois de décembre 1581, au moyen des troubles
» et guerres arrivés en notre royaume, étant partout demeuré
» infructueux, *ce qui a fait continuer tous les débordemens*
» *qui s'exercent maintenant parmi les marchands et arti-*
» *sans des villes et lieux non jurés*..........................
» ....
» .... Pour ce à quoi pourvoir et pour que notredit
» royaume soit réduit et policé pour le fait desdites négocia-
» tions, manufactures, trafics, arts et métiers, par un
» bon et sage réglement au bien et soulagement de notre
» peuple, éviter aux partialités, monopoles, longueurs et
» excessives dépenses qui se pratiquent journellement au très-
» grand dommage des pauvres ouvriers désirant obtenir le
» degré de maîtrise.
» De l'avis d'aucuns princes de notre sang, de notre conseil
» d'état et de plusieurs notables personnages et principaux
» officiers convoqués dans notre ville de Rouen, pour le bien
» de notre royaume..
» ...... »

Entendons maintenant Colbert lui-même. Voici ce que rapporte l'auteur de l'ouvrage intitulé, *Tableau du ministère de Colbert :*

« Colbert se crut obligé de donner un frein aux professions
» lucratives, en réunissant en communautés toutes les classes
» éparses d'artistes, de marchands et de manufacturiers ; il
» pensa que cette réunion les forcerait de s'observer les uns les
» autres, qu'il s'établirait entre eux une sorte d'émulation de
» mœurs et de probité, et qu'enfin, en attachant à tous les
» corps de maîtrises du royaume des prérogatives et des dis-
» tinctions qu'ils pussent être jaloux de mériter, on parvien-
» drait ainsi à leur inspirer des sentimens d'honneur, de vertu
» et de patriotisme, qui rompissent le cours de la cupidité et
» qui fussent, au sein de la nation, ce que sont au milieu des
» mers ces digues qui mettent à l'abri de l'inondation les ri-
» vages qu'elles affermissent. »

Tels étaient les principes et les sentimens de ce grand homme. Sully pensait de même ; il modéra beaucoup le droit royal exigé à l'obtention des lettres de maîtrises, mais il fut très-sévère sur leur conservation : *Il faut*, disait-il, *que le droit soit modéré, mais il est très-nécessaire qu'il existe.*

Je n'ai encore parlé que de notre législation : mais nous la trouvons établie chez toutes les nations modernes, chez celles même qui se montrent les plus jalouses de leur liberté, dans les républiques comme dans les monarchies. Parcourons la Suisse, l'Autriche, la Prusse, les villes anséatiques, la Belgique, le Danemarck, l'Écosse, l'Angleterre enfin si vantée tous les jours à cause du perfectionnement de son industrie, nous y verrons ces institutions établies de temps immémorial. Ainsi donc les temps anciens comme les temps modernes ; les législateurs les plus profonds de tous les siècles ; la sagesse de nos plus grands rois, saint Louis, Henri IV, Louis XIV ; les lumières des ministres les plus renommés, le chancelier de l'Hôpital, Sully, Colbert ; l'expérience d'une longue suite de siècles , l'assentiment des nations modernes qui ont jeté le plus d'éclat dans le commerce, les arts et l'industrie ; tous se réunissent pour rendre hommage à l'excellence de cette institution.

Tous pensèrent que dans l'ordre social il ne peut exister de liberté illimitée ; que l'exercice de la liberté, quelle qu'elle soit , doit être dirigée par la loi, dans l'intérêt de tous et non pas dans celui de quelques hommes ; qu'ainsi, le bon ordre des états , leur police , le maintien des bonnes mœurs , exigent que les citoyens qui se livrent aux professions industrielles et commerciales forment autant de classes qu'il y a d'états différens, parce qu'en laissant subsister cette multitude confuse d'individus isolés et livrés à eux-mêmes, exerçant à la fois divers métiers et empiétant sur le commerce les uns des autres, sans être soumis à aucune règle ni retenus par aucun frein, l'œil des magistrats s'égarerait au milieu d'un pareil désordre, et l'action des lois deviendrait impuissante.

Qu'oppose-t-on à ces éclatans témoignages ? Des doctrines nouvelles, des théories abstraites, qui n'ont pris quelque consistance que depuis un petit nombre d'années, et le nom de quelques écrivains systématiques, dont les opinions furent combattues, dès leur origine, par tout ce qu'il y avait en France d'hommes, ayant, sur le gouvernement et l'administration, des connaissances positives.

Nous allons maintenant voir ces doctrines en action ; ce

n'est plus par des raisonnemens, c'est par des faits qu'elles vont être jugées.

CHAPITRE II.

Des effets qui ont suivi la suppression des Corporations, et de son influence sur le Commerce et l'Industrie.

Ce fut au mois de mars 1791 que l'assemblée nationale constituante supprima les jurandes et maîtrises, les réglemens de fabrication et les inspecteurs des manufactures. Le commerce et l'industrie furent alors livrés à une entière indépendance.

Mais, en abolissant l'ancienne législation, on ne mit rien à sa place. Les principes exagérés de liberté que l'on professait alors en repoussaient l'idée, et il fallait d'ailleurs flatter les classes populaires dont on avait besoin.

Le premier effet de cette indépendance absolue fut d'inspirer à une multitude de simples artisans le désir de s'établir comme maîtres; ils abandonnèrent bientôt les ateliers où ils travaillaient en qualité de compagnons; les uns n'ayant encore dans leurs métiers ni l'habileté suffisante, ni les capitaux nécessaires pour faire les premières avances, ne produisirent que des fabrications imparfaites. Les réglemens qui fixaient, dans les manufactures que l'on appelait réglées (1), la manière dont

---

(1) On appelait réglées les manufactures pour lesquelles il avait été fait des réglemens de fabrication ; ils ne concernaient en général que les manufactures d'étoffes ou d'autres tissus : on a beaucoup déclamé contre les réglemens. Certains écrivains se sont plus à les présenter comme tellement obligatoires et

on devait fabriquer, n'existaient plus. Les ouvriers s'abandonnèrent alors à leurs caprices ou à leur cupidité; la fraude,
les malfaçons s'introduisirent, le marché général fut inondé
de mauvais ouvrages, la confiance se perdit dans le commerce,
et nos relations avec l'étranger furent interrompues. Ce fut à
cette époque que la France perdit le commerce du Levant,
si avantageux pour elle, et qui alimentait plusieurs de nos
provinces les plus manufacturières.

La chambre de commerce de Marseille fit entendre ses réclamations; les villes de Carcassone, de Montpellier et plusieurs
autres du midi de la France, qui faisaient avec le Levant un
commerce de draps très-considérable, se joignirent à elle; mais
elles ne furent pas écoutées, et ce ne fut qu'en 1807 que le
gouvernement, cédant enfin aux sollicitations renouvelées par
ces villes, ordonna de reprendre les anciens réglemens; mais
le coup était porté. Les orientaux avaient pris de nouvelles
habitudes et établi d'autres relations. Le caractère de ces peuples est de revenir très-difficilement sur les impressions qu'ils

---

impératifs, qu'ils n'étaient que des chaînes données à l'industrie. Si cette
accusation était fondée, comment, depuis Colbert jusqu'en 1789, l'industrie
française aurait-elle fait tant de progrès? Mais voici la vérité sur ces réglemens : le plus grand nombre a été rédigé sous le ministère de Colbert; ils
furent alors très-utiles pour guider et assurer les premiers pas de l'industrie
naissante; ils renfermaient plutôt des instructions sur la manière de fabriquer,
que des dispositions impératives à cet égard ; car, dans une instruction donnée
par Colbert aux inspecteurs des manufactures, il les autorise, s'ils le jugent
convenable, à ne pas tenir la main à l'exécution des réglemens. Les lettres
patentes de 1679 avaient donné encore une plus grande latitude, puisqu'elles
avaient divisé les étoffes et les tissus en étoffes et en tissus réglés et non réglés.
Ainsi donc ces réglemens empêchaient alors que l'on fît plus mal, sans être
un obstacle à ce que l'on fît mieux.

reçoivent, soit en bien, soit en mal; et leur détermination une fois arrêtée, il est très-rare de les en faire changer. Le commerce du Levant est donc resté presque entièrement perdu pour nous, et c'est une des plus grandes plaies faites à notre industrie.

Un autre effet de la liberté indéfinie fut de détruire aussitôt la discipline des ateliers et l'autorité domestique des maîtres. Tous les rapports de subordination entre eux et les simples ouvriers furent anéantis (1); les conditions stipulées pour les apprentissages, les règles établies à cet égard par les statuts, cessèrent d'être suivies. Les maîtres n'ayant plus aucune garantie des conditions faites avec eux et ne sachant à quelle autorité s'adresser pour les faire exécuter, ou forcés de suivre les formes lentes et dispendieuses des tribunaux ordinaires, renoncèrent à former des ouvriers sans profit pour eux, et souvent même pour l'avantage des autres; et l'apprentissage, si important et si nécessaire au maintien et à la propagation des arts mécaniques, fut presque abandonné.

Les maîtres dégagés des devoirs mutuels qui les unissaient entre eux, n'étant plus retenus par les obligations que leur

---

(1) Ce fut à cette époque que les maçons, les charpentiers, les menuisiers, les couvreurs et beaucoup d'autres artisans retranchèrent, dans la ville de Paris, deux heures sur la journée de travail, qui commençait alors à cinq heures du matin et ne finissait qu'à sept heures du soir. Ils ne la commencent plus le matin qu'à six heures, et la terminent le soir à la même heure. Le prix de la journée est ainsi augmenté d'un sixième : malgré les justes réclamations qui se sont souvent élevées contre ce désordre, il n'a pas encore été réprimé.

Il n'est pas inutile de faire observer que cette usurpation des ouvriers fut autorisée par la convention nationale, afin qu'ils pussent se réunir dans les sections, où ils allaient exercer leur souveraineté à quarante sous par tête.

4

imposait la corporation à laquelle ils appartenaient, affranchis de toute surveillance et n'ayant plus à craindre les jugemens de leurs égaux, se livrèrent impunément à tous les genres de fraude. Les manufactures les plus renommées et qui jouissaient d'une réputation méritée, voyaient leur nom et leurs marques usurpés par des fabricans obscurs et ignorans, qui faisaient ainsi rejaillir sur elles la honte de leur mauvaise et souvent frauduleuse fabrication.

Les engagemens des ouvriers avec les maîtres n'étaient pas plus respectés; ils abandonnaient leurs ateliers au gré de leur intérêt ou de leur caprice; aussi vit-on les fabricans, à l'envi les uns des autres, employer toutes sortes d'artifices pour nuire aux opérations de leurs rivaux, et s'en attirer le profit, soit en désorganisant leurs ateliers par de sourdes manœuvres, soit en embauchant leurs ouvriers les plus utiles; c'est ainsi que l'immoralité et l'anarchie s'introduisirent dans toutes les branches de l'industrie et du commerce.

On sentit enfin la nécessité de remédier à tant de désordres; mais ce ne fut qu'en 1799 que l'on commença à s'occuper de quelques lois de police relatives aux manufactures.

La loi du 12 août 1803 prescrivit des mesures sur les apprentissages, sur les marques que les fabricans sont autorisés à mettre à leurs ouvrages, et prononça des peines contre les contrefacteurs; elle détermina les devoirs mutuels des maîtres et des ouvriers, et la juridiction devant laquelle seraient portées à l'avenir les contestations.

L'arrêté du gouvernement, du 1.er décembre de la même année, assujétit les compagnons et garçons ouvriers à l'obligation d'être toujours munis d'un livret.

Les manufacturiers furent astreints à inscrire, sur le livret des ouvriers sortant de leurs ateliers, un congé portant acquit de leur engagement. L'ouvrier, en entrant chez un nouveau maître, fut tenu de représenter ce livret, et celui-ci d'en exiger la représentation.

Il ne fut plus libre à l'ouvrier de voyager sans avoir fait signer son dernier congé par le maire ou par son adjoint, sous peine, en ne s'y conformant pas, d'être arrêté comme vagabond.

La loi du 18 mars 1806 créa les conseils des prud'hommes; le décret du 11 juin 1809 les établit dans les principales villes manufacturières.

Ces prud'hommes sont institués, 1.º pour terminer par la voie de la conciliation les petits différends qui s'élèvent journellement, soit entre des fabricans et des ouvriers, soit entre des chefs d'ateliers, compagnons ou apprentis;

2.º Pour constater les plaintes qui leur sont adressées, ou les contraventions aux lois et réglemens nouveaux ou remis en vigueur;

3.º Pour prendre les mesures conservatrices de la propriété des desseins;

4.º Pour régler les comptes entre les maîtres d'ateliers et les négocians, et maintenir la police entre eux;

5.º Enfin, pour tenir un registre exact du nombre des métiers existans et des ouvriers de tous genres employés dans la fabrique.

Telles furent les lois de police qui furent établies, mais elles n'ont rempli qu'imparfaitement le but qu'on s'était proposé.

L'exécution dans la plupart des villes en fut confiée, soit aux maircs, soit aux magistrats de police. Entraînés par les soins multipliés de leur place, ils n'eurent pas ce zèle et cette surveillance active que les syndics et les jurés des corporations y auraient apportés, parce que l'esprit de corps et l'intérêt personnel ont une action bien plus constante et plus efficace que le sentiment du devoir qui anime les officiers publics (1).

Aussi les réglemens sur les apprentissages ne reçoivent-ils pas leur exécution ; l'apprenti se soustrait facilement à l'autorité du maître et aux engagemens qu'il a contractés ; s'il sort de

---

(1) Un de nos plus profonds jurisconsultes, M. Henrion-de-Pensey, président à la cour de cassation, dans son excellent ouvrage, *De l'Autorité judiciaire dans les Gouvernemens monarchiques*, *au chapitre de la police*, après avoir mis au rang de ses premiers devoirs de prévenir la pénurie des denrées et comestibles, d'en surveiller la qualité et quelquefois d'en régler le prix, ajoute qu'on place également dans la classe commune, par le besoin que les hommes en ont, les étoffes pour les vêtir, et une multitude d'objets qu'ils doivent aux travaux et à l'industrie des manufacturiers et des autres artisans, et qu'à cet égard le devoir de la police consiste principalement à veiller à la bonne qualité des matières premières, à la manière de les employer, à la bonne foi des indications ; enfin, à prendre les mesures les plus convenables pour que tous ceux qui exercent une profession aient les connaissances qu'elle exige.

Mais, dit-il, *tout cela tient à des détails aussi multipliés que minutieux, dont la plupart échapperont nécessairement à la vigilance de la police. Quelle est donc la meilleure manière de pourvoir à cette partie si importante de l'administration publique ?*

Les législateurs les plus sages avaient résolu ce problème par l'établissement des apprentissages, des maîtrises, en un mot des corporations d'arts et métiers. Cet ordre n'existe plus en France.

Cependant, ajoute-t-il, *les raisons qui avaient fait établir les corporations n'ont rien perdu de leur force ; si elles étaient bonnes, elles le sont encore, et l'expérience peut y ramener.*

la ville où il demeure pour se rendre dans une autre, le maître n'a aucun moyen de l'y poursuivre; il ne sait à qui s'adresser, et presque toujours il est obligé de renoncer à ses droits.

L'obligation du livret est devenue presque illusoire, soit par la négligence des officiers de police, soit par l'insouciance des maîtres qui n'en exigent pas la représentation.

Les conseils de prud'hommes ont produit de meilleurs résultats; mais d'abord il n'en existe pas dans toutes les villes; et dans celles où ils sont établis, leur composition même nuit à leur action.

Ils sont formés d'individus de professions différentes. Cette composition les rend peu propres à juger les contestations fréquentes qui s'élèvent entre les maîtres et les ouvriers sur des points qui regardent l'industrie qu'ils exercent. Comment, par exemple, un prud'homme, entrepreneur de bâtimens, jugera-t-il d'une contestation relative à une étoffe de soie, et comment un fabricant d'étoffes se connaîtra-t-il en bâtimens?

Les conseils de prud'hommes remplacent dans leurs fonctions les syndics et les jurés des communautés; mais ces derniers n'ayant à s'occuper que des choses relatives à leurs professions, décidaient plus promptement et avec connaissance de cause.

La police du commerce et de l'industrie était aussi bien mieux faite par eux que par les prud'hommes, parce que, n'ayant à s'occuper que de celle du corps dont ils faisaient partie, leur surveillance était nécessairement plus active; au lieu que les prud'hommes, malgré leur petit nombre, sont obligés d'étendre leur inspection à tous les ateliers d'une grande ville manufacturière.

Ainsi donc les institutions nouvelles n'ont suppléé qu'imparfaitement les anciennes corporations; mais, quoique insuffisantes, elles ont du moins apporté quelques remèdes aux désordres introduits par l'indépendance absolue à laquelle les arts et les manufactures avaient été long-temps abandonnés.

On ne peut en dire autant du commerce en détail; depuis la suppression des maîtrises, il a été livré au plus honteux désordre, sans que jamais on se soit occupé à les réprimer.

Lorsqu'il est question de maîtrises, on n'entend parler que du commerce en détail; le commerce en gros n'y fut jamais assujéti. En voici les raisons:

Le négociant en gros ne vend qu'à celui qui détaille; mais ce dernier ayant fait son apprentissage et étant reçu maître et marchand, est censé ne pouvoir pas être dupe de la fraude ou de l'ignorance du premier.

Le marchand en détail, au contraire, est l'intermédiaire entre le négociant en gros, le fabricant et le consommateur. Quelle sera donc la garantie de ce dernier, si le premier venu peut s'établir marchand sans un apprentissage préalable, s'il n'est soumis à aucune surveillance, et si l'on ne prend aucune mesure pour prévenir le public contre son ignorance ou sa mauvaise foi?

Le débit journalier n'offre que trop souvent au commerce en détail les occasions de tromper, dans les grandes villes surtout, où il a souvent affaire à des étrangers ou à des individus que le hasard conduit dans une boutique pour n'y revenir peut-être jamais. Ne peut-on pas craindre alors que le marchand n'écoute la voix de sa conscience que lorsqu'il s'agit de ses pratiques habituelles?

« La loi doit veiller également sur l'intérêt de celui qui vend
« et sur l'intérêt de celui qui achète ; et c'est pour ainsi dire
« sous le sceau de la foi publique que le marchand étale sa
« marchandise aux yeux de l'acquéreur, et que l'acquéreur la
« reçoit des mains du marchand (1). »

Voilà pourquoi, dans tous les temps et chez toutes les nations, on a jugé nécessaire de soumettre ce genre de commerce à des règles et à une police particulière.

Pour nous en convaincre, examinons ce qui se passe sous nos yeux.

Dans la ville de Paris, la licence est arrivée à son comble, et le commerce en détail ne présente plus qu'une multitude confuse qui se heurte, s'agite et se livre aux manœuvres les plus humiliantes ; la facilité de cumuler à la fois plusieurs espèces de commerce ouvre la porte à mille genres de fraude. Sous le nom de magasins d'occasion, on emploie toutes sortes de ruses pour attirer et tromper le consommateur.

L'un annonce à vil prix une marchandise qu'il n'a pas ; et, lorsqu'on se présente pour l'obtenir, il vient toujours de vendre la dernière pièce, et offre en remplacement le même objet qu'il fait payer souvent au-dessus de sa valeur.

Un autre livre au consommateur, comme marchandises *qu'il appelle d'occasion*, des marchandises avariées en fabrique, et qui lui ont été vendues comme telles ; d'autres annoncent certains objets sortis de fabriques inférieures, comme étant le pro-

---

(1) Propres paroles de M. l'avocat-général Séguier, dans son éloquent discours au Roi, relatif à l'édit de suppression des corporations du mois de février 1776.

duit des meilleures manufactures ; celui-ci étale à sa porte une ou plusieurs pièces d'étoffe avec une étiquette indicative d'un prix au-dessous de leur véritable valeur ; et, lorsque l'acheteur se présente, il donne un autre objet à la vérité au prix annoncé, mais d'une qualité différente de celui qu'il a mis en montre.

D'autres enfin font afficher leurs marchandises à 30, 40, et même 50 pour cent au-dessous du cours ; les murs de la capitale sont couverts de ces scandaleuses affiches. Si celui qui annonce ainsi sa marchandise dit la vérité, il s'avoue publiquement pour un voleur ou un receleur ; car, pour vendre une marchandise 50 pour cent au-dessous du cours, il faut qu'elle ait été volée ou soustraite à ses créanciers par un banqueroutier frauduleux.

Le public, toujours dupe de pareilles jongleries, se précipite en foule dans ces repaires de fraude, ouverts, sous le nom de magasins, à la crédulité et à l'ignorance des consommateurs.

Mais envisageons les suites d'un pareil désordre et sa triste influence sur le commerce et l'industrie manufacturière.

L'honnête marchand, qui ne veut offrir que des marchandises franches et loyales et qui n'en trouve plus le débit, se consume en frais, voit chaque année diminuer son capital, et finit par abandonner un commerce qui ne peut plus faire subsister honorablement sa famille, et c'est ainsi que se consomme la ruine des plus anciennes et des plus respectables maisons.

D'autres moins délicats, et qui ne peuvent pas se procurer ces marchandises, *dites d'occasion*, cherchent à y suppléer en commandant à des fabricans des marchandises qui peuvent en soutenir la concurrence ; mais alors il faut altérer la fabrication, diminuer sur le prix de la main d'œuvre, s ur la qualité et la quantité des matières qui doivent entrer dans la confection de l'étoffe, sur leur largeur, sur la longueur de celles qui se vendent en pièces, enfin sur les apprêts et les qualités des teintures. Le commerce, ainsi entraîné dans une fausse route, force le fabricant à s'y jeter à son tour.

En vain ce dernier se montrera-t-il jaloux d'employer les meilleures matières et de perfectionner sa fabrication, il ne vendra pas. Il faut donc, malgré lui, qu'il suive le torrent et ne s'occupe qu'à fabriquer le plus promptement, et au meilleur marché possible.

On a poussé le paradoxe jusqu'à dire que la bonne qualité des marchandises était indifférente au gouvernement; que si les malfaçons produisaient des ventes multipliées, il était d'une bonne administration de les favoriser ; que l'ouvrier devait avoir la faculté de mal faire, qu'il était utile d'ailleurs que la médiocrité des ouvrages les rapprochât ainsi de la faculté du plus grand nombre.

Autoriser les mauvais ouvrages, parce qu'ils produisent des ventes multipliées, est-il une idée plus contraire à la raison et au progrès des arts?

Mais supposons pendant un moment cette idée admissible, ce ne pourrait être que dans un pays qui n'aurait aucune relation avec les autres peuples, et qui ne fabriquerait que pour sa consommation intérieure, encore faudrait-il examiner d'après quelle règle de justice on croirait devoir ainsi sacrifier les consommateurs aux producteurs.

Mais, lorsqu'il s'agit de lutter contre la concurrence étrangère et de faire obtenir à nos manufactures une prééminence qui nous assure la supériorité dans la balance du commerce, prétendre qu'il peut être utile d'encourager les mauvais ouvrages, c'est une opinion si extraordinaire qu'on aurait pu se dispenser de la réfuter.

Les autoriser, dit-on encore, parce que leur médiocrité les rapproche davantage des facultés du pauvre, n'est-ce pas annoncer l'ignorance la plus absolue du mécanisme de la fabrication ?

Qui ne sait qu'une fabrication, quelque grossière qu'elle soit, n'opère jamais sur le prix de l'objet une diminution assez grande pour indemniser le consommateur de ce qu'il perd sur la qualité ?

Supposons une étoffe qui, bonne et bien fabriquée, coûterait six francs l'aune, et résisterait pendant deux ans à la fatigue et à l'injure du temps, on la fabriquera de façon à pouvoir la donner pour cent sous, mais à peine durera-t-elle une année; le pauvre qui l'aura achetée croira avoir gagné un franc, et en aura cependant réellement perdu quatre.

Sans doute il faut des étoffes à tout prix : il en faut de belles pour les riches; mais c'est surtout pour le pauvre qu'il en faut de bonnes, et l'on ne doit jamais permettre à l'ignorance et à la mauvaise foi de s'unir contre sa misère.

Un pareil système, d'ailleurs, conduit à la décadence de nos manufactures. L'ouvrier perd l'habitude de bien faire, les malfaçons s'introduisent, et bientôt la main-d'œuvre, entièrement dénaturée, ne produira plus que des ouvrages imparfaits; notre industrie déshonorée n'inspirera plus de confiance, et finira par être repoussée des marchés étrangers.

Une des causes qui a le plus contribué à multiplier d'aussi fâcheux résultats, c'est le colportage et la liberté donnée à ce commerce vagabond et mobile qui couvre aujourd'hui toutes les routes et parcourt la France entière.

Le colportage autrefois n'était que toléré, et ne se faisait qu'à dos d'homme, ainsi que le démontre le mot qui l'exprime. Le colporteur ne pouvait ni séjourner ni étaler ses marchandises dans les lieux publics, et l'entrée des villes où les maîtrises étaient établies lui était interdite; ce n'était qu'un petit trafic de voisinage, et qui avait lieu plus spécialement dans les marchés des campagnes.

Mais aujourd'hui, sous la couverture d'une simple patente, le colportage est devenu un commerce ambulant qui se fait avec de grands capitaux. Des magasins assortis se transportent sur des chariots et se promènent de ville en ville.

Ce colportage a presque anéanti le commerce local, ce commerce domicilié, et que l'intérêt des bonnes mœurs et de l'ordre public doit toujours protéger et défendre.

Un colporteur arrive; il séjourne dans une auberge, répand des affiches dans la ville et dans les villages qui l'entourent, annonce des marchandises de toute espèce, en promettant un bon marché qui n'est qu'illusoire, et le plus souvent qu'un voile qui cache derrière lui la fraude et la mauvaise foi; en peu de jours il approvisionne la ville et les environs, et il se retire.

Cependant le marchand domicilié a payé une patente; il a fait des dépenses pour se loger et s'établir; il a dû croire qu'à lui et à ses pareils appartiendrait l'approvisionnement du canton qu'il habite, qu'il pourrait léguer à ses enfans un établissement, fruit d'un grand nombre d'années de soins et de peines. Vaine espérance! Il voit un étranger, un inconnu lui enlever sa propre industrie et la seule ressource de sa nombreuse famille.

Et quelle garantie offre au consommateur ce commerce vagabond, fait par des hommes qui apparaissent dans un pays pour n'y revenir peut-être jamais, et qui, ne devant envisager que le moment, doivent trouver tous les moyens bons, pourvu qu'ils vendent, bien sûr que si leur fraude est découverte, les reproches ne pourront pas les atteindre?

Le marchand domicilié, au contraire, a le plus grand besoin de contenter ses pratiques; une bonne réputation lui est nécessaire; sa probité et son intérêt se confondent dans une seule et même pensée. Ce commerce fixe, ce commerce, véritable citoyen du lieu qu'il habite, qui crée et perpétue les familles, a donc le premier droit à la protection du gouvernement et des lois.

Et d'ailleurs le devoir d'une saine politique n'est-il pas d'entretenir avec soin les relations habituelles entre les villes et les campagnes qui les entourent? Les villes consomment les denrées que les campagnes produisent; les campagnes doivent demander aux villes les objets d'art et de commerce dont elles ont besoin. Ce sont ces relations qui font circuler l'argent entre elles, qui entretiennent ces sentimens de bienveillance mutuelle, ces rapports de bon voisinage, et même de famille, qui forment ces liens qui les unissent, et qu'un gouvernement sage doit toujours se garder d'affaiblir ou de rompre.

Le colportage, au contraire, détruit tous ces avantages; il ne vient dans un pays que pour y enlever l'argent qui s'y trouve. Sa mobilité l'affranchit de toute responsabilité morale et le soustrait à la surveillance de l'autorité publique; il est l'artisan secret de toutes les malversations, tantôt en prêtant son voile officieux aux banqueroutiers frauduleux, tantôt en favorisant le contrebandier dont il devient le principal agent

et le complice ; la justice, la morale publique et l'intérêt
général de la société, condamnent donc un semblable commerce et demandent qu'on le restreigne dans ses plus étroites
limites (1).

Mais qu'importe, dira-t-on, si ce genre de commerce aug-
mente la consommation en donnant les moyens d'écouler les
rebuts des manufactures?

Nous avons répondu plus haut à la faiblesse de ce raison-
nement, tolérable tout au plus dans la bouche de quelques
fabricans qui n'envisagent toutes ces questions que dans le
rapport qu'elles ont avec leur intérêt bien ou mal entendu.

Mais l'homme d'état et le législateur ne doivent-ils pas prendre
leur coup d'œil d'un point plus élevé?

Quel attachement peut avoir pour sa profession celui qui
n'y trouve pas son existence et celle de sa famille? pour sa
ville, celui qui n'en est pas protégé? pour ses concitoyens,
celui qui voit détruire chaque jour les relations que son état
devait lui donner avec eux?

Comment les familles pourront-elles se fonder, se perpé-
tuer dans un pays, si les établissemens qu'on y forme n'ont
aucune stabilité, si l'existence des individus est incertaine et
précaire?

La confiance dans l'état que l'on a embrassé, l'opinion que
l'on conçoit de sa durée, la consolante perspective de pouvoir
le transmettre à ses enfans, voilà le premier fondement des

______

(1) Un grand nombre de départemens n'ont cessé, depuis plusieurs années,
de faire entendre leurs plaintes contre l'extension et les abus du colportage ;
elles sont consignées dans de nombreuses pétitions et rapports adressés à
S. E. le Ministre de l'intérieur.

bonnes mœurs, et la source de tous les sentimens honnêtes et généreux.

Tel était le noble but de nos anciennes institutions, en soumettant à de certaines règles les professions commerciales et industrielles, et en leur imposant des devoirs et des limites, bien différentes en cela de cet individualisme révolutionnaire qui ne tend qu'à isoler les hommes et à les concentrer dans les froids calculs de l'intérêt personnel, qui, ne les plaçant jamais en présence les uns des autres, les dispense de rougir et les affranchit du joug salutaire de la honte; aussi, que voyons-nous depuis un grand nombre d'années? Dans les entreprises de commerce et d'industrie, l'imprévoyance et l'audace ont pris la place de la réflexion et de la prudence; on s'est précipité au hasard dans tous les genres de spéculation; les banqueroutes ont succédé aux banqueroutes; en faillite ouverte dans un quartier, on ouvre impudemment son magasin dans un autre, et les vingt-cinq années qui viennent de s'écouler ont vu plus de banqueroutes frauduleuses que les deux siècles qui les avaient précédés.

Il semble, depuis long-temps, qu'on n'attache plus d'importance qu'au matériel de la société : population, arts, manufactures, consommation, multiplication des subsistances, voilà ce qui occupe la pensée de tous les administrateurs et la plume de tous les écrivains.

Mais ces lois d'ordre et de police qui maintiennent la bonne foi dans les relations sociales, ces institutions sages qui garantissent l'homme de ses propres erreurs et le prémunissent contre ses passions, qui lui inspirent à la fois des sentimens de probité, d'honneur et de patriotisme, on n'en tient aucun compte;

la société paraît abandonnée à un mouvement aveugle et machinal, et il semble que toute la science de l'administration soit renfermée dans ces deux mots : *Peupler et consommer.*

Considérons maintenant la liberté indéfinie du commerce sous un point de vue plus général, je veux dire dans les rapports qui doivent exister entre les consommateurs et les agens du commerce et de l'industrie.

On se tromperait étrangement, si l'on pensait que ce qui s'est passé en France pendant les vingt dernières années qui viennent de s'écouler, doit servir de règle pour l'avenir, et qu'on peut en tirer des conséquences applicables à l'état présent des choses.

L'époque dont nous sortons est unique dans l'histoire du monde ; espérons, pour le bonheur de l'espèce humaine, qu'elle ne se renouvellera jamais.

Pendant cette période, la France éprouva un mouvement extraordinaire qui la jeta hors de toutes mesures et de toutes limites. Jamais gouvernement n'avait fait d'aussi grandes dépenses ni employé des moyens aussi prodigieux. L'entretien d'armées innombrables, les conquêtes de la France rendant tous les peuples tributaires de notre industrie, nos manufactures et notre commerce fournissant presque seuls, pendant plusieurs années, au besoin du continent européen ; toutes ces causes réunies ont dû imprimer à l'industrie française une activité qu'on ne reverra plus.

La liberté indéfinie a donc pu alors, sans inconvénient, précipiter dans chaque branche de commerce et d'industrie le plus grand nombre d'individus possible. Une consommation si considérable et si rapide nécessitait une reproduction semblable ; une demande n'était pas plus tôt satisfaite , qu'il en arrivait une autre qu'il fallait remplir avec la même célérité , et les besoins semblaient renaître des besoins mêmes. On prit long-temps cette violente agitation pour de la force et de la santé , et ce n'était qu'une fièvre ardente à laquelle devaient succéder l'atonie et la langueur.

On vit, à cette époque, se multiplier de toutes parts les établissemens de commerce et d'industrie ; la situation des affaires et les circonstances du moment favorisaient leur développement et entretenaient leur activité.

Mais aujourd'hui que la France est rentrée dans ses anciennes limites, et que la consommation est restreinte à sa population diminuée et appauvrie, le nombre de ses artisans et de ses marchands excède de beaucoup ses besoins. Que doit-il arriver de cet état de choses ?

Tout homme propriétaire d'un établissement de commerce et d'industrie n'y renonce qu'à la dernière extrémité : il n'a qu'un intérêt, c'est de vendre. Pour y parvenir , il baisse ses prix. Un autre, pour attirer à lui le consommateur, les baisse encore davantage ; mais bientôt arrivés tous les deux aux dernières limites du gain légitime, et la concurrence subsistant toujours , la fraude est alors invoquée par le plus audacieux, et il faut que l'honnête homme devienne ou complice ou victime.

Voilà cependant le spectacle que présentent aujourd'hui le commerce et l'industrie française ; surchargés l'un et l'autre d'artisans et de marchands de toute profession , la France est inondée d'une quantité de marchandises qu'une consommation qui décroît tous les jours ne peut absorber ; les bénéfices trop partagés ne suffisent plus pour faire subsister le fabricant et le marchand honnêtes ; les faillites se multiplient, le fabricant n'ose plus se fier à celui qui vend en détail ; toutes ces petites fabriques pauvres en capitaux, et dans lesquelles le négociant qui leur fournit les matières premières ne peut plus mettre de confiance, ne se soutiennent qu'en employant dans leur fabrication toutes les ressources de la fraude et de la mauvaise foi. Elles inondent le marché général de marchandises mal fabriquées qui circulent par la voie d'une multitude de petits marchands étalagistes et de colporteurs obscurs (1).

En vain les grandes manufactures veulent-elles soutenir l'honneur de leur fabrication, elles sont forcées de suivre l'impulsion qu'elles reçoivent, et de s'abandonner à un système qu'elles condamnent et qui menace d'une ruine inévitable l'industrie française.

Mais, qu'on y prenne garde, ce sont les grandes manufactures qui peuvent seules élever à une haute prospérité l'industrie d'une nation, et la mettre en état de soutenir et même de vaincre la concurrence étrangère, parce qu'avec des capitaux considérables, elles se livrent à tous les genres d'amélioration, et n'épargnent rien pour obtenir la fabrication la plus parfaite, tandis qu'au contraire l'industrie trop disséminée se rapetisse et s'énerve, semblable en ce point à l'agriculture, qui voit diminuer ses produits par la trop grande division des propriétés.

Il est notoire que, dans les pays où les petites fabriques se sont beaucoup trop multipliées, la concurrence est si grande que souvent, et dans le temps surtout des mortes ventes, ces petits fabricans, qui ne peuvent attendre, sont forcés de vendre à perte ; ils entraînent ainsi dans une ruine commune, eux-mêmes, ceux qui leur ont fait des avances, et leurs propres concurrens.

6

Il est urgent que le gouvernement remédie à de si grands maux, en soumettant à des règles sages la liberté dont le commerce ne peut se passer, mais qui ne doit jamais dégénérer en licence, et en opposant des obstacles à cette manie mercantille qui précipite dans la carrière de l'industrie une foule d'aventuriers qui la déshonorent. On répétera peut-être encore ce qu'on a déjà dit souvent, que l'intervention du gouvernement est ici inutile, que l'équilibre se rétablira de lui-même, et que, dans chaque profession industrielle et commerciale, la force des choses proportionnera le nombre des fabricans et des marchands à celui des consommateurs.

Ce n'est pas ainsi que l'on traite avec les intérêts et les passions des hommes ; qu'on ne croie pas que le malheur des uns soit une leçon pour les autres ; une fabrique s'écroule, un magasin se ferme, un plus grand nombre prenne leur place, l'espérance n'est-elle pas inépuisable dans le cœur de l'homme ? et d'ailleurs, après une révolution qui a tout confondu et laissé un si grand nombre d'individus sans ressource et sans état, chacun se livre en aveugle aux chances du hasard et de la fortune ; *le pis aller* est de faillir comme tant d'autres ; et, grâces à la facilité de nos mœurs nouvelles, on n'ignore pas avec quelle légèreté et quelle aisance on traite une banqueroute ; ah ! c'est surtout dans un pareil état de société que les hommes ne doivent pas être abandonnés à eux-mêmes, et que le frein des lois et la sagesse des institutions deviennent plus que jamais nécessaires.

On ne peut atteindre ce but que par le rétablissement des corporations, et en confiant au commerce lui-même le soin de sa propre surveillance et de sa police intérieure sous l'inspection des magistrats et l'autorité de la loi.

Il faut maintenant répondre aux objections élevées contre ce système.

CHAPITRE III.

Des objections élevées contre le système des Corporations.

Les adversaires des corporations élèvent contre leur rétablissement plusieurs objections que nous allons successivement examiner.

Le pauvre, disent-ils, n'a d'autre patrimoine que sa force et son adresse; l'institution des maîtrises l'empêchait d'en faire usage ou en gênait l'exercice par des entraves; elle portait ainsi atteinte à la plus inviolable des propriétés, celle du travail.

Imposer des conditions à l'exercice d'un droit, en diriger l'usage dans l'intérêt général de la société, ce n'est point le violer, encore moins l'anéantir.

Nos lois ne permettaient-elles pas à chacun d'embrasser la profession qui lui plaisait? L'ouvrier n'était-il pas le maître de choisir le métier qui convenait le mieux à ses facultés physiques? Le marchand, le genre de commerce le plus analogue à sa fortune; ainsi l'ouvrier qui faisait ce qu'il avait souhaité de faire, le commerçant qui vendait ce qu'il avait voulu vendre, n'usait-il pas de sa liberté dans toute sa plénitude?

Non, répond-on; car, dans votre système, l'ouvrier ainsi que le marchand ne pouvaient, si cela leur convenait, ni

6*

passer d'un état à un autre, ni exercer à la fois plusieurs métiers ou commerces différens.

Mais d'abord cette prétendue liberté n'est-elle pas plus nuisible qu'utile à ceux qui la réclament, et l'intérêt bien entendu de chacun n'est-il pas de se renfermer dans l'état qu'il a embrassé et à l'apprentissage duquel il a consacré sa jeunesse ? Les esprits bien réglés n'ont pas cette humeur vagabonde qui erre à l'aventure et ne sait jamais se fixer.

C'est ici surtout que la loi fait sagement, lorsqu'elle oppose des obstacles à la légèreté et à l'inconstance naturelle au cœur de l'homme. Abandonnez l'ouvrier à lui-même, qu'il puisse, au gré de son caprice, passer d'un métier à un autre, et bientôt il n'aura contracté que l'habitude du changement. Les procédés des arts exigent un exercice constant et journalier; on ne s'y perfectionne qu'en s'y livrant tout entier et sans partage.

Ce que je dis des arts, je l'applique aussi au commerce. On ne fait bien que ce que l'on fait tous les jours; et ce qui attache le plus à une profession, c'est l'opinion où l'on est qu'il n'est pas facile d'en changer.

Ainsi donc le moyen infaillible de rendre l'ouvrier et le marchand actifs et industrieux, ce n'est pas, comme on le prétend, d'introduire le mélange et la confusion dans tous les états, mais c'est que les choses soient disposées de manière que l'un travaille et l'autre vende le plus possible. Pour y parvenir, il faut que les ouvrages qui sortent des manufactures soient de bonne qualité, que leur perfection décide la préférence des étrangers, et qu'ils puissent avoir confiance dans la bonne foi et la loyauté de ceux qui les vendent.

Voilà ce que s'était sagement proposé le législateur par l'établissement des maîtrises et les réglemens sur les apprentissages. Sans doute, il ne faut pas qu'ils soient trop longs et trop dispendieux, que les conditions pour devenir maîtres soient trop difficiles, et condamnent ainsi l'homme indigent à travailler toute sa vie pour le profit des autres. Mais lorsque ces conditions sont modérées, proportionnées aux facultés du plus grand nombre et au gain que l'on peut faire dans chaque profession, elles ne sont plus que de sages obstacles opposés à l'imprévoyance, à la mauvaise foi et à la cupidité des hommes.

Des considérations d'un ordre plus élevé militent encore en faveur de notre système.

La France est une nation agricole en même temps, et manufacturière ; tous ses efforts doivent tendre à faire marcher d'un pas égal son agriculture et son industrie, mais elle ne doit pas perdre de vue les changemens arrivés autour d'elle pendant les trente années surtout qui viennent de s'écouler ; tous les peuples, à l'envi les uns des autres, ont cherché à étendre leur commerce, à multiplier chez eux les manufactures ; ils ont imité, égalé même quelquefois les produits de nos arts, et peuvent ainsi se soustraire à notre empire industriel ; dans cette situation, la France doit moins chercher à multiplier ses artisans qu'à les perfectionner, car c'est ainsi seulement que son industrie peut conserver sa prééminence sur l'industrie étrangère.

Mais si la France doit de ce côté redouter des rivaux, elle possède d'autres avantages qu'on ne peut lui ravir, parce qu'ils appartiennent à l'étendue, à la variété et à la fertilité de son territoire; son sol est la mine féconde où sont cachés les trésors qui doivent un jour réparer ses pertes, et les peuples seront toujours tributaires des riches productions de son agriculture; il faut donc éviter que la population des villes s'accroisse trop aux dépens de celle des campagnes.

La vie des campagnes est plus laborieuse; les travaux de l'agriculture sont les plus durs et les moins productifs; l'existence dans les villes a bien plus d'attraits; le luxe, le haut prix des salaires, les jouissances et les plaisirs, enfans de la richesse, séduisent et entraînent l'imagination. Si vous laissez le passage trop libre, si l'on peut devenir artisan sans être apprenti, maître sans avoir été compagnon, si la carrière du commerce est ouverte au premier venu, bientôt vous verrez les villageois se précipiter dans les villes pour y chercher des travaux bien moins pénibles que ceux de l'agriculture.

N'en avons-nous pas eu la preuve dans ces derniers temps, au sein même de la capitale et sous les yeux des magistrats?

Les quais, les ponts, les places publiques, les boulevarts, les rues les plus fréquentées, étaient encombrés de petits marchands offrant leurs marchandises sur des étalages mobiles : les ouvriers abandonnaient leurs ateliers, les gens de la campagne leurs villages, afin de se livrer à un genre de trafic si attrayant pour l'indolence et la paresse. Ce même désordre se manifestait en même temps dans toutes les grandes villes. A la vérité une ordonnance de police l'a, depuis peu de temps, réprimé dans la capitale; mais l'on n'ignore pas combien promptement de pareilles ordonnances tombent en désuétude. Des corporations ayant le droit de surveiller elles-mêmes l'exécution de leurs réglemens et d'exercer une police sur leurs membres, voilà le seul obstacle que l'on puisse opposer au retour de pareils abus.

Les corps de marchands et les communautés d'arts et métiers sont, disent encore leurs adversaires, des priviléges exclusifs, et nos lois ne les admettent pas.

Que veut-on dire par ce mot *exclusif*, appliqué ainsi aux corporations? Prétend-on qu'il n'est permis qu'à un certain nombre d'individus d'en faire partie, et qu'elles sont pour les autres une barrière qu'ils ne peuvent franchir? Mais alors on serait dans une grande erreur; car jamais, dans les corporations, le nombre n'a été limité; tous avaient un droit égal à y être admis en remplissant les conditions exigées par la loi; et elles n'étaient alors que des garanties que la société a le droit d'exiger de ceux qui se destinent à la servir, et que le marchand et l'artisan donnaient de leur talent et de leur probité.

Mais, ajoute-t-on, les corporations nuisent au consommateur; il n'est plus le maître d'acheter où il veut; les membres qui les composent se coalisent d'ailleurs entre eux pour fixer un prix de monopole qu'il est obligé de subir.

Il y a dans ce reproche une exagération démentie par les faits et par l'expérience. Le nombre illimité des marchands et artisans, dans chaque profession, est assez considérable pour ouvrir un large champ à la concurrence; les réglemens n'obligent pas le consommateur à aller acheter son drap chez un drapier plutôt que chez un autre, et le besoin que chacun a de vendre l'assure qu'il obtiendra toujours le prix le plus modéré. Cette prétendue coalition que l'on paraît craindre n'est qu'une chimère. Comment une pareille loi de corps pourrait-elle exister parmi un grand nombre d'individus dont les facultés sont si inégales et les engagemens si différens?

Quel est, d'ailleurs, le véritable intérêt du consommateur? N'est-ce pas d'acheter au plus juste prix les meilleures marchandises? Qui donc peut mieux le servir que celui qui, depuis sa jeunesse, n'a exercé que la profession à laquelle il s'est destiné, qui n'y a été reçu comme maître qu'après avoir fait ses preuves de capacité et de bonne conduite, et qui, bornant son ambition au seul état qu'il a embrassé, ne peut avoir d'autre intérêt que de s'y faire une bonne réputation, s'il veut y réussir? La liberté du consommateur sera-t-elle violée, parce qu'il ne pourra pas acheter des toiles chez un épicier, et du sucre chez un marchand d'étoffes?

Les défenseurs de la liberté illimitée prétendent encore que la grande concurrence qu'elle fait naître est avantageuse au consommateur en lui faisant obtenir un meilleur prix.

Les faits viennent démentir cette assertion. A la vérité, certaines marchandises ont diminué de valeur; et l'on citera les tissus de coton. Nous répondrons que cette amélioration n'est pas due à la liberté indéfinie, mais à l'introduction des machines à filer qui auraient donné les mêmes résultats dans notre système (1).

____

(1) Les machines à filer le coton ont été introduites en France avant la révolution, et c'est encore à Louis XVI que l'on doit ce bienfait.

En 1779 ou 1780, des Anglais apportèrent en France ces machines; Louis XVI les accueillit, et leur donna, dans son château de la Muette, un local pour y établir leurs ateliers.

Le prix des autres marchandises sur lesquelles cette cause particulière n'a pu influer, telles que les lainages, les soieries, les toiles, les cuirs, et beaucoup d'autres qu'il serait trop long de citer, a toujours été en croissant sous l'empire de la liberté illimitée. Cette grande concurrence qu'elle produit n'a donc pas, comme on le prétend, tourné au profit du consommateur.

Mais, s'il est juste que ce dernier ne soit pas à la merci du marchand ni de l'artisan, il ne faut pas non plus qu'il puisse leur imposer une loi trop dure en abusant d'une concurrence qui, les forçant de vendre à un prix trop bas, les plongerait ainsi dans la misère et le découragement ; et voilà cependant ce qui arrive lorsque le nombre des marchands et des artisans excède, dans une proportion trop considérable, celui des consommateurs. La loi doit donc tenir entre eux la balance la plus égale qu'il est possible ; la justice, l'ordre public et l'harmonie générale de la société l'exigent.

La séparation des professions, les restrictions modérées mises au droit de travailler et de vendre, l'obligation de se soumettre à un apprentissage préalable avant de pouvoir exercer une industrie ou un commerce quelconque, remplissent ce double but. Sans nuire au consommateur, elles servent les intérêts du commerce, parce qu'en partageant les bénéfices sans trop les atténuer, elles font subsister ainsi un plus grand nombre de familles.

C'est donc à tort que l'on voudrait faire considérer les corporations comme des priviléges exclusifs ; et c'est abuser de ce mot que de vouloir l'appliquer aux sages limitations que la loi impose dans l'intérêt de tous.

On accuse aussi les corporations d'arrêter les progrès de l'industrie, d'entraver la marche du commerce, et de priver ainsi l'État de plusieurs de ses branches les plus utiles.

C'est aux faits à répondre; ils valent mieux que les raisonnemens.

Si l'établissement des maîtrises et des communautés d'artisans, si les gênes des réglemens, si la surveillance des magistrats avaient nui, comme on le prétend, aux progrès de notre industrie et à l'extension de notre commerce, pourquoi, depuis Colbert, nos manufactures et nos arts avaient-ils constamment marché vers leur perfectionnement? Pourquoi leurs produits étaient-ils tant recherchés des étrangers? Comment l'Europe entière payait-elle un tribut annuel aux soieries, aux draperies, aux batistes, aux dentelles, à l'orfévrerie, aux bijoux, aux étoffes d'or et d'argent, aux glaces, aux modes, à l'ébénisterie, à l'horlogerie, sortis chaque année des mains de la France industrieuse et commerçante? Que l'on cite une seule branche d'industrie qu'elle n'ait pas cultivée avec succès, ou perfectionnée lorsqu'elle la recevait des étrangers!

Si, comme on l'avance, notre industrie était chargée de chaînes : si notre commerce ne marchait qu'au milieu d'entraves sans nombre, que l'on explique comment, avant la révolution, les exportations du produit de nos arts et de nos manufactures excédaient la somme de cent cinquante millions (1)! Si les maî-

---

(1) *Administration des finances*, de M. Necker, tome II, page 128.

M. Necker a fait paraître son ouvrage sur l'administration des finances, dans l'année 1784; mais, depuis cette époque jusqu'en 1788, l'industrie française acquit encore de plus grands développemens.

Les tableaux de la balance du commerce annexés à l'ouvrage de M. Arnoult,

trises paralysaient l'industrie, pourquoi était-elle plus florissante dans les villes où les jurandes exerçaient le plus leur empire, à Paris, à Lyon, à Rouen, à Tours, et dans beaucoup d'autres villes manufacturières et commerçantes, lorsqu'au contraire, dans celles où l'industrie n'était soumise à aucune règle et jouissait de la liberté la plus illimitée, elle ne produisait que des ouvrages imparfaits qui ne pouvaient satisfaire que les besoins des consommateurs vulgaires, et le commerce restait circonscrit dans leurs murs?

Enfin, quittons la France et passons chez nos voisins, dans cette Angleterre que l'on cite aujourd'hui comme exemple quand on parle de commerce et de manufacture; en Angleterre, les jurandes, les réglemens pour les apprentissages, la police intérieure des corps n'ont-ils pas toujours existé? A Londres, sa capitale la plus industrieuse de toutes ses villes, les professions ne forment-elles pas des corporations distinctes?

---

sur cette matière, prouvent qu'en 1788, la somme des exportations de nos produits industriels s'est élevée à 229 millions.

Les documens qui existent au ministère de l'intérieur établissent que le taux moyen des exportations semblables, depuis l'an 5 jusqu'en 1814, n'a pas surpassé 177 millions, et cependant alors la France était accrue en territoire et en population.

Ainsi donc, en 1788, sous l'empire des corporations et des réglemens qui, prétend-on, enchaînaient notre industrie, nos exportations ont surpassé de 52 millions celles qui ont eu lieu sous le règne de cette liberté illimitée qui devait produire de si merveilleux effets.

Et si, aujourd'hui que nous sommes rentrés dans nos limites, on présentait le tableau de nos exportations depuis 1814, on trouverait encore un bien plus grand mécompte et une bien autre différence.

7*

son industrie en a-t-elle été ralentie, et son commerce en a-t-il moins envahi le monde?

Ainsi donc les deux nations les plus commerçantes de l'Univers ont toujours prospéré à l'ombre de ce système tant décrié de nos jours, et leur exemple est la meilleure réponse aux déclamations de quelques écrivains modernes.

Mais il est encore des objections d'une autre espèce, et que nous ne devons pas laisser sans réponse.

On voudrait faire envisager les corporations comme des inventions purement fiscales et qui n'étaient qu'un prétexte à l'établissement de nouveaux impôts.

Leur histoire répond victorieusement à ce nouveau reproche; elle prouve que, pendant une longue suite de siècles, elles n'ont été considérées que comme un moyen d'entretenir l'ordre et la bonne foi dans le commerce, et la perfection dans les arts. Toutes les lois, tous les réglemens ne tendent qu'à ce seul but; ce n'est que très-tard, et dans le seizième siècle, que l'on commença à croire que l'on pouvait en faire une ressource fiscale.

Louis XIV, à la vérité, en abusa davantage. Ses longues guerres avaient épuisé les finances; on créa donc une multitude d'offices avec attribution de différens droits, soit sur les marchands et artisans, soit sur les denrées et marchandises : sans doute il en est résulté une surcharge qui a pesé sur le commerce et l'industrie; mais que peut-on en conclure contre le système des corporations? c'est l'abus de la chose, et non pas la chose même; la fiscalité n'est pas tellement inséparable des corporations, qu'elles ne puissent exister sans elle.

A l'époque où elle s'introduisit pour en corrompre la pureté primitive, les principes d'un bon système financier n'étaient pas encore connus; dans les besoins de l'État, on ne savait que deux manières de se procurer de l'argent, ou par l'établissement de nouveaux impôts, ou par des créations d'offices.

Aujourd'hui l'administration se conduit par d'autres principes. Les lumières qui la dirigent ne la laisseront plus s'égarer dans de si fausses routes; et d'ailleurs le gouvernement établi par la charte, soumettant les impôts et les mesures de finances à la discussion publique des deux Chambres, ne peut plus laisser subsister à cet égard aucune inquiétude.

On oppose encore aux corporations d'être une source de troubles et de vexations pour le commerce et l'industrie, en les soumettant à des visites domiciliaires, en autorisant des perquisitions et des saisies, en élevant enfin entre elles des contestations et des conflits d'intérêts qui entraînent à leur suite des procès ruineux.

Sans doute le rétablissement des corporations autoriserait la visite des syndics et jurés de chaque profession; mais en quoi ces visites pourraient-elles contrarier le commerce et l'industrie, lorsqu'elles n'auraient pour objet que de maintenir l'exécution des réglemens qu'ils auraient eux-mêmes consentis ? en quoi seraient-elles plus vexatoires que celles auxquelles ils sont tous les jours exposés de la part des officiers de police et des agens du fisc ?

Les membres du comité de salubrité et du collége de pharmacie ne font-ils pas des inspections fréquentes chez les pharmaciens et les marchands de vin ; les contrôleurs des matières d'or et d'argent, chez les orfèvres et les bijoutiers ; les agens des droits réunis, des perquisitions dans les magasins pour y saisir les marchandises prohibées ?

Les courtiers de change et de commerce n'ont-ils pas le droit de faire des visites domiciliaires chez des individus qui exercent en fraude leur profession ?

La police n'empêche-t-elle pas la vente du pain et de la viande autre part que chez les boulangers et les bouchers réunis en communauté ?

On se soumet à ces visites : les marchands honnêtes n'en murmurent pas, parce qu'ils savent que tout réglement utile au bien général de la société, quand bien même il devrait imposer quelques gênes à un grand nombre de particuliers, n'en est pas moins légitime et raisonnable.

Les procès qui s'élevaient entre les corporations, étaient à la vérité très-fréquens ; on ne doit pas même dissimuler qu'ils les ont souvent entraînées dans des frais considérables : mais on doit dire aussi que ces procès avaient leur source dans l'organisation première des corporations ; on les avait trop multipliées : les professions avaient été subdivisées en classes trop nombreuses ; des états et des commerces qui, par leur analogie, devaient être réunis, formaient des corps différens. Sans doute il devait sortir d'une si mauvaise distribution des conflits d'intérêts dont les procès étaient la conséquence ; mais le vice de cette organisation fut corrigé par le nouveau système de classification adopté par l'édit de rétablissement du mois d'août 1776. De nombreuses réunions furent alors opérées, et la source des contestations fut presque tarie.

Aujourd'hui qu'une plus longue expérience nous guide, que l'industrie a obtenu tous les développemens dont elle est susceptible, on pourrait tellement perfectionner cette classification, que les légers frottemens qu'elle occasionnerait ne donneraient plus lieu à des contestations sérieuses.

Nous venons de passer en revue les principales objections élevées contre le système des corporations ; on a vu qu'elles sont de deux sortes : les premières s'appuient sur des principes abstraits, sur des droits et des libertés naturels qu'on ne peut transporter dans la société qu'en leur faisant subir de grandes modifications. Les secondes prennent leur source plutôt dans les abus du système que dans le système lui-même. Nous croyons avoir combattu les unes et les autres par des raisonnemens qui peuvent satisfaire les esprits les plus prévenus.

Nous ne craignons pas de l'affirmer, nous sommes arrivés à une époque où, sans que l'on puisse craindre le retour des anciens abus, le rétablissement des corporations rendrait au commerce et à l'industrie les plus grands services, en rappelant ces professions honorables aux bonnes mœurs, à la décence, au respect d'elles-mêmes, et en leur rendant la considération qu'elles ont perdue par les excès d'une liberté sans règle et sans limites.

CHAPITRE IV.

Des Corporations considérées sous le rapport de l'impôt.

Lorsque les corporations existaient, le gouvernement avait établi sur les marchands et les artisans une taxe connue sous le nom d'impôt industriel ; chaque corps et communauté étaient imposés séparément, et la répartition de la somme demandée était faite entre les individus par les chefs de chaque corporation.

Lorsqu'elles furent supprimées, on remplaça l'impôt industriel par celui des patentes.

En redemandant aujourd'hui le rétablissement des corporations, l'intention du commerce de la capitale n'est pas de se soustraire à l'impôt actuellement établi : il sait que la situation des finances ne permet pas d'y renoncer, et il ne se refusera jamais à contribuer, pour sa part, aux charges de l'État.

Ainsi donc, s'il obtient ce qu'il demande, le trésor royal n'éprouvera aucune perte, car rien ne s'oppose à ce que chaque profession, de quelque corporation qu'elle fasse partie, soit assujétie au paiement de la même somme qu'elle paie aujourd'hui dans la classe où elle est placée par la loi des patentes.

Cette loi n'existerait plus alors qu'à l'égard des négocians en gros et de quelques professions qui ne pourraient pas être comprises dans l'une des corporations qui seraient établies. Leur rétablissement entraînerait encore l'abrogation de la disposition de la loi sur les patentes, qui donne la faculté d'exercer diverses professions et de former plusieurs établissemens, soit d'industrie ou de commerce, en payant la patente de la profession qui donne lieu au plus fort droit.

Cette disposition a excité de tout temps les plus vives réclamations, parce qu'elle favorise le marchand, le manufacturier et l'artisan riches, au détriment de ceux qui sont moins fortunés.

En effet, si cette faculté n'existait pas, comme on ne pourrait exercer plusieurs professions qu'en payant le droit établi par la loi pour chacune d'elles, ceux qui voudraient les cumuler paieraient alors beaucoup plus qu'ils ne paient aujourd'hui. On obéirait ainsi aux principes de la justice distributive, qui veut que les charges publiques soient également réparties, et que celui qui est assez riche pour exploiter à la fois plusieurs branches de commerce et d'industrie, et en réunir les bénéfices, participe aux charges imposées dans une proportion plus considérable que celui qui ne peut en exercer qu'une seule.

En rentrant dans le système des corporations, on rétablira cette égalité, puisque nul ne pourra exercer que le commerce ou l'industrie appartenant à la corporation dont il sera membre, et que s'il veut en entreprendre une autre faisant partie d'une corporation étrangère, il sera tenu de l'exercer dans un local différent, et de payer alors un nouveau droit de maîtrise, et l'impôt auquel ce commerce est assujéti (1).

---

(1) La loi des patentes a toujours été considérée comme arbitraire et destructive de l'industrie et de l'émulation ; de nombreuses réclamations s'élèvent depuis long-temps contre elle. On lui reproche de frapper l'industrie dans ses premiers développemens, de confondre dans la même classe des professions dont l'existence et les moyens sont souvent très-différens, de prendre pour base du droit proportionnel la valeur des locations, quoiqu'elle ne soit jamais en rapport avec le bénéfice de la profession. Un banquier, par exemple, un agent de change, peuvent faire plusieurs millions d'affaires dans une maison de 5 à 600 francs de loyer, tandis qu'il y a tel fabricant qui, n'en faisant pas pour 100,000 francs, a cependant besoin d'un emplacement d'une valeur locative de 3000 francs.

Un joaillier, un orfèvre, font un grand commerce sur une surface de quelques toises, tandis que des professions, telles que celles de charpentiers, de charrons, exigent un vaste local.

Cette loi est arbitraire, car elle oblige chaque associé d'une maison de commerce à prendre une patente, quoique leur réunion ne donne souvent pas lieu à une plus grande quantité d'affaires ; ainsi il n'y a plus d'égalité,

8

Après avoir traité de la question relative à l'impôt, il nous reste à parler du droit que l'on percevait à l'obtention de la maîtrise. Ce droit ne se payait qu'une fois, et n'était pas remboursable. Il faisait partie des revenus casuels du Souverain ; on le considérait moins comme un impôt que comme une sorte de garantie, un cautionnement des facultés pécuniaires de celui qui se destinait à l'exercice d'une profession commerciale ou industrielle. C'était aussi une barrière que l'on opposait à cette multitude de gens sans aveu qui se seraient précipités en aveugles dans la carrière du commerce et de l'industrie, s'ils n'avaient rencontré aucun obstacle ; l'expérience a démontré la sagesse de cette mesure ; il importe donc, si l'on rétablit les corporations, d'exiger le droit à l'obtention de la maîtrise.

Il serait cependant à désirer que le gouvernement ne pût jamais le considérer comme une ressource fiscale, mais qu'on lui donnât une destination qui pourrait devenir pour le commerce une source de prospérité. Voici à cet égard quelques idées qui ont paru réunir les suffrages d'un grand nombre de marchands, de négocians et de manufacturiers (1).

---

dans la répartition de l'impôt, entre une maison de commerce qui compte plusieurs associés et celle dirigée par un seul.

Cette loi est encore destructive de l'industrie, parce que, suivant l'article 33, le fabricant qui emploie plus de cinq métiers passe sur-le-champ de la cinquième classe dans la première, et qu'ainsi l'augmentation d'un seul métier le soumet à un accroissement d'impôt qui excède souvent le bénéfice que lui donne le nouveau métier qu'il veut établir.

Le rétablissement des corporations offrirait au gouvernement les moyens de rentrer dans un système d'impôt moins onéreux pour le commerce et l'industrie, et dont la répartition confiée à chaque corporation serait surtout plus équitable, jamais vexatoire, et n'exigerait aucun frais de perception.

(1) Parmi le nombre de ceux qui nous ont assistés de leurs lumières, dans

Dans les villes ou autres lieux où les maîtrises seraient établies, les sommes qui proviendraient du droit exigé pour y être admis, seraient irrévocablement aliénées à une caisse dite *de secours*. Ces sommes en formeraient le fonds capital.

Ces caisses n'auraient pour objet que de venir au secours du commerce et d'en faciliter les opérations.

En conséquence, chacune, dans leur ressort respectif, escompterait aux manufacturiers ou aux marchands en gros les traites qu'ils auraient reçues en paiement, soit des marchands détaillans, soit des maîtres de fabrique. Elles pourraient aussi faire des avances sur consignation de marchandises.

Établies dans les principales villes ou cantons de la France, elles se prêteraient un appui mutuel par des viremens de l'une sur l'autre, qui faciliteraient toutes les entreprises et imprimeraient une circulation plus sûre et plus rapide aux valeurs commerciales; ces opérations feraient baisser l'intérêt de l'argent et soustrairaient le commerce à l'avidité des capitalistes. Dans un moment surtout où la rareté du numéraire se fait sentir tous les jours davantage, quelle ressource ne pourrait-on pas tirer de ces établissemens placés ainsi sur les différens points de la France?

---

la rédaction de ce mémoire, nous devons particulièrement citer M. Eugène de Bray, membre du conseil général des manufactures de France, avantageusement connu par plusieurs écrits sur le commerce et sur l'économie politique, où l'on remarque les vues les plus saines, et des connaissances très-étendues.

M. de Bray de Valfresne, membre d'un excellent écrit sur les corporations et les manufactures.

M. de Seine, statuaire, membre de l'ancienne académie de peinture, et qui, en 1815, a fait paraître un mémoire sur la nécessité du rétablissement des maîtrises, dans lequel on remarque les vues les plus sages et des faits très-curieux.

Plusieurs villes de commerce réclament du gouvernement l'autorisation d'établir dans leur sein des banques particulières, et la ville de Rouen vient de l'obtenir. Le rétablissement des corporations offrirait un moyen prompt et facile d'en former de semblables dans les villes les plus commerçantes et les plus manufacturières. Nous nous sommes convaincus que, fondées avec les propres capitaux du commerce et dirigées par lui, elles produiraient en peu de temps les plus heureux effets.

Ces caisses, dont le capital s'augmenterait toujours par les sommes qui y seraient versées à l'obtention de chaque maîtrise et par les bénéfices qui résulteraient de leurs opérations, seraient, dans chaque lieu, des espèces de propriétés de famille qui présenteraient une ressource dans beaucoup de circonstances malheureuses qui ne sont que trop fréquentes dans la carrière du commerce; ainsi le marchand ou l'artisan honnête, victime d'un événement imprévu, des vieillards et des veuves tombés dans l'indigence, y trouveraient des secours. Les enfans des pauvres artisans seraient mis en apprentissage; on paierait la maîtrise de l'ouvrier peu fortuné dont la sagesse et la probité seraient attestées par les maîtres qu'il aurait servis; enfin, sans entrer dans de plus grands détails, on conçoit facilement tout le bien que l'on pourrait faire par de tels moyens employés avec sagesse.

Ce n'est sans doute pas ici le lieu de tracer le plan ni l'organisation de ces établissemens; il suffira seulement de faire observer que leur destination indique suffisamment que, dans chaque lieu, leur administration doit être exclusivement confiée au commerce sous la surveillance de l'autorité publique; que c'est aussi à lui seul qu'il appartient d'en choisir les administrateurs et d'en rédiger les réglemens pour les soumettre à l'homologation du Souverain.

CHAPITRE V.

Considérations générales.

En examinant avec attention dans la première partie de ce mémoire l'esprit de toutes les lois relatives aux corporations, on a dû se convaincre que le législateur n'avait pas eu seulement en vue l'intérêt du commerce et de l'industrie, mais qu'il avait envisagé ces institutions dans leur rapport avec la morale publique et le bon ordre de la société.

Si, dans un mémoire qui n'est destiné qu'à plaider la cause du commerce et de l'industrie, il était permis de s'élever à de plus hautes considérations politiques, il ne serait peut-être pas difficile de prouver par des témoignages irrécusables que le système des corporations se rattache essentiellement aux principes d'une monarchie tempérée (1).

---

(1) Il y en a qui sont d'avis que les corps et communautés soient abolis : pour une absurdité qui advient dans une bonne ordonnance, ils veulent abolir l'ordonnance même. Les corporations mal réglées ont de grands inconvéniens, il faut les bien régler. Une république peut s'en passer ; mais il est bon d'en avoir, parce qu'il n'y a rien de meilleur pour maintenir les états populaires, et ruiner les tyrannies.

Les justes et légitimes royautés sont maintenues par la médiocrité des corporations et communautés bien réglées; aussi le tyran s'efforce à les abolir du tout, sachant bien que l'union de ses sujets entre eux est sa ruine inévitable.

Bodin, *de la République,* livre III, chap. VII.

Montesquieu a beaucoup emprunté à Bodin : ce mot renferme un grand éloge.

(62)

Mais ce serait sortir du cercle que nous nous sommes tracé, et nous devons nous borner à examiner ce système dans les intérêts que nous avons à défendre.

Nous ferons observer d'abord que la demande que l'on forme ne serait, si elle était accordée, ni une innovation en notre faveur, ni une dérogation aux lois générales de l'État.

Un grand nombre d'individus, dont les professions, avant la révolution, formaient autant de corps séparés, dispersés par elle pendant plusieurs années et sans rapport les uns avec les autres, n'ont-ils pas été de nouveau réunis en corporations, comme la seule digue à opposer aux désordres et à l'anarchie qui s'étaient introduits parmi eux.

Ainsi les avocats, les notaires, les avoués, les commissaires-priseurs, les huissiers forment maintenant et partout des corporations. Ils se nomment entre eux des chefs qui administrent leurs intérêts communs, et surveillent les membres qui font partie de l'association. Les universités, les sociétés savantes ne sont-elles pas aussi des compagnies ayant leurs règles et leurs disciplines particulières? Enfin, au sein même de la capitale, plusieurs commerces ont obtenu cet avantage ; les pharmaciens, les bouchers, les charcutiers, les boulangers, les marchands de vins, sont réunis en communautés (1). Pour-

---

(1) Il existe encore à Paris quelques professions qui, avec l'autorisation tacite de la police, et sans avoir, comme celles que nous venons de citer, des statuts avoués et homologués par le gouvernement, se sont formés en corporations. Ces professions, dont on parle, sont celles de paveurs, d'entrepreneurs de maçonnerie, de charpenterie, de couvreurs et de brasseurs, des cordonniers, des épiciers et beaucoup d'autres.

Dans les professions de boulangers, de bouchers et de charcutiers réunis

quoi refuserait-on le même privilége aux autres branches de commerce et d'industrie? On n'ignore pas que, sous le gouvernement de Buonaparte, on agita dans le conseil-d'état la question du rétablissement de toutes les corporations, et qu'elle obtint la majorité des suffrages. L'exécution de ce projet ne fut suspendue que par des circonstances politiques qui arrivèrent alors (1).

Tous les hommes sages et honnêtes, répandus dans les professions commerciales et industrielles, s'élevaient alors, comme ils s'élèvent encore aujourd'hui, contre ce faux système d'indépendance qui n'a tourné au profit que de l'intrigue et de la mauvaise foi. Tous déclarent qu'ils préfèrent un état stable dans lequel ils puissent passer tranquillement leur vie et élever honorablement leur famille, plutôt que d'errer dans un vide immense, confondus avec un ramas d'usuriers et d'hommes sans foi et sans conscience.

D'ailleurs, si la considération publique est le partage des hommes qui exercent les fonctions éminentes de la société; si

---

en communauté, le nombre des individus est limité. La corporation ainsi circonscrite présente une sorte de monopole et de priviléges exclusifs, contre lesquels on peut élever de justes objections; mais, dans ce mémoire où nous plaidons la cause des corporations, nous ne prétendons pas qu'elles doivent être organisées sur un pareil plan; nous pensons, au contraire, que le nombre, dans chacune d'elles, ne doit jamais être limité.

(1) A cette époque, M. Dubois, préfet de police, proposa aux divers commerces de Paris ces trois questions à résoudre : 1.º Quelles étaient l'existence et l'organisation des corporations avant la révolution? 2.º Quels sont les effets de l'indépendance actuelle du commerce? 3.º Quels sont les avantages et les inconvéniens qu'il y aurait à rétablir les corporations?

les titres, les cordons, les honneurs de toute espèce leur sont prodigués, pourquoi le commerce et les arts et métiers, placés à la vérité dans des rangs plus obscurs, mais qui ne sont pas moins utiles, et ont besoin de tant d'encouragemens, n'obtiendraient-ils pas aussi quelques droits et quelques distinctions particulières? Pourquoi un gouvernement sage négligerait-il de multiplier ainsi les ressorts de l'émulation, et de leur donner le plus de force et de jeu possible?

Dans les corporations, une vie sage et une conduite irréprochable étaient récompensées par les suffrages de ses égaux. Elevé aux charges de sa communauté, cette distinction devenait un titre dans les familles; et, après une vie laborieuse consacrée à assurer à ses enfans une fortune modeste, on pouvait encore leur laisser un patrimoine d'honneur et de considération.

Le Français a toujours été moins sensible à l'intérêt qu'à l'honneur, aussi l'ancien gouvernement savait-il se servir avec avantage de ce puissant mobile en le faisant agir sur toutes les classes de la société, et voilà pourquoi il avait réservé aux corps des marchands toutes les distinctions destinées à la bonne bourgeoisie.

Ainsi les membres qui les composaient partageaient avec les personnages les plus distingués de l'église et de la magistrature l'administration des hôpitaux; ils étaient appelés à l'exercice des fonctions municipales, et ils administraient exclusivement la justice consulaire.

Dans la capitale, à l'entrée des Rois et des Princes, les députés des six corps avaient le privilége de porter le dais; et, à l'époque des grands événemens qui intéressaient la monarchie, ils étaient admis à complimenter nos Rois à l'instar des compagnies les plus célèbres, et immédiatement après le corps de ville (1).

C'est cependant par des moyens aussi simples et qui coûtent si peu, que l'on attache les hommes à leur profession, et qu'en leur faisant aimer la corporation à laquelle ils appartiennent, et la ville qui les a vus naître, on leur apprend à chérir la patrie.

Aussi, à toutes les époques et dans les circonstances les plus difficiles, le corps des marchands et même les simples communautés d'artisans s'empressaient-ils à venir au secours de l'État, et ils en trouvaient les moyens dans des fonds de réserve, fruit d'une sage économie (2).

Que de bienfaits ne répandaient-ils pas encore ! Le marchand et l'artisan honnêtes, victimes des événemens malheureux qui ne sont que trop fréquens dans le commerce, y trouvaient des ressources qui n'humiliaient pas son amour-propre;

---

(1) Dans cette monarchie tant calomniée, les dernières classes de la société avaient aussi leurs prérogatives; dans les grandes circonstances, les douze dames de la Halle, représentant le grand corps du peuple, étaient admises auprès du Roi pour le complimenter. Elles se rendaient à Versailles; les chaises à porteur de la cour étaient mises à leur disposition; on les portait ainsi jusque dans les appartemens; elles étaient reçues, à la sortie de leurs chaises, par les princes du sang qui leur donnaient la main et les introduisaient chez le Roi, et elles étoient reconduites à leur voiture avec le même cérémonial.

(2) En 1777, à l'époque de la guerre d'Amérique, les six corps de marchands de la ville de Paris donnèrent au Roi un vaisseau de guerre de 120 canons.

Sous Louis XIII, la petite communauté des savetiers prêta au Roi, dans un besoin urgent, 150,000 francs , somme considérable pour ce temps.

9

l'orphelin obtenait un appui, on soutenait son enfance, on lui donnait un état; la veuve, le vieillard indigent et l'infirme recevaient des secours et des consolations (1).

Que ne fait-on pas en donnant une sage direction aux passions et aux intérêts des hommes !

La France, autrefois couverte d'établissemens utiles, dépouillée aujourd'hui de tous les dons qu'avaient répandus sur elle l'esprit de la religion et le patriotisme des corps, peut encore retrouver tout ce qu'elle a perdu ; mais il faut renoncer à ces funestes systèmes qui isolent les hommes et dessèchent les cœurs ; réunissez, au contraire, ceux que des occupations et des intérêts pareils rapprochent ; souffrez qu'ils les dirigent et même qu'ils les défendent, et bientôt, aux froids calculs de l'égoïsme, vous verrez succéder les sentimens généreux de l'esprit public et les nobles effets que lui seul sait produire. L'homme isolé a peu de valeur, ce n'est que réuni à ses semblables qu'il devient tout ce qu'il peut être ; c'est ainsi que des cailloux recèlent dans leurs veines un feu que le frottement seul peut faire jaillir.

---

(1) A Paris, le bureau des orfèvres s'appelait la maison commune ; on y entretenait aux frais de tout le corps douze ménages pour les maîtres de la communauté vieux et tombés dans l'indigence ; la communauté payait, en outre, chaque année, cent pensions, depuis la somme de 150 jusqu'à 300 fr.

Chaque année, le corps des orfèvres faisait don à la cathédrale de Paris d'un tableau ; il fallait être de l'académie pour prétendre à l'honneur de l'exécuter ; tous les tableaux qui ornaient l'intérieur de cette basilique venaient de cet ancien usage.

CONCLUSION..

Afin de remplir complétement la tâche que nous nous sommes imposée, nous avons dû envisager le rétablissement des corporations sous les rapports divers que cette importante question présente.

Nous avons d'abord invoqué en leur faveur le témoignage de l'histoire, l'expérience des siècles et les actes de nos plus grands Rois.

Nous avons peint sous des couleurs véritables les désordres qui ont suivi leur suppression.

Examinant ensuite toutes les objections que l'on oppose à notre système, nous croyons les avoir victorieusement réfutées en prouvant que les unes ne s'appuient que sur des idées abstraites et spéculatives, qui ne peuvent s'appliquer à la société civile qu'en subissant les plus grandes modifications, et que les autres ne frappent pas sur l'institution même, mais sur des abus inséparables des établissemens humains, et que la sagesse des gouvernemens peut toujours réprimer.

Passant de là aux intérêts du fisc, nous avons démontré qu'il ne perdrait rien au rétablissement des corporations, qu'on en tirerait même de nouvelles ressources qu'on pourrait appliquer avec succès à la prospérité du commerce et de l'industrie.

Nous avons enfin terminé par des considérations générales prises dans l'intérêt de la société, et qui tendent à prouver combien le système des corporations est favorable à la morale publique, à la décence des mœurs, à la confiance, aux sentimens de patriotisme et à cet esprit de famille qu'il est si important d'entretenir et de conserver, parce qu'il est la source des plus douces vertus sociales.

Il ne nous reste plus qu'à nous confier entièrement à la sagesse d'un Roi que la Providence nous a rendu, pour ramener parmi nous l'empire des bonnes mœurs et d'une sage liberté.

LEVACHER-DUPLESSIS, *Conseil.*

www.ingramcontent.com/pod-product-compliance
Ingram Content Group UK Ltd.
Pitfield, Milton Keynes, MK11 3LW, UK
UKHW021650130726
13696UKWH00004B/1527